La Cuestión Palpitante

Emilia Pardo Bazán

LA CUESTIÓN PALPITANTE

OTRAS OBRAS DE LA AUTORA.

Estudio crítico de las obras del P. Feijóo, 5 ptas.
Los poetas épicos cristianos (Dante, Tasso, Mílton.)
Pascual López, novela (agotada.)
Estudios sobre el darwinismo.
San Francisco de Asís (siglò XIII) dos tomos, 8 ptas.
Un viaje de novios, novela, 3 ptas.

EN PREPARACIÓN.

La Tribuna, novela.
Los poetas épicos cristianos (Hojeda, Klopstock, Chateaubriand.)

LA

CUESTIÓN PALPITANTE

POR

EMILIA PARDO BAZÁN.

CON UN PRÓLOGO DE

CLARÍN.

MADRID
IMPRENTA CENTRAL Á CARGO DE V. SAIZ
COLEGIATA, NÚM. 6
1883

PRÓLOGO.

Mano sucia de la literatura llamaba al naturalismo un ilustre académico, pocos días hace; y ahora tenemos que una mano blanca y pulquérrima, de esas que no ofenden aunque peguen, por ser de quien son, y que se cubren de guante oloroso de ocho botones, viene á defender con pluma de oro lo que el autor de *El Sombrero de tres picos* tan duramente califica.

Aunque, en rigor, tal vez lo que en este libro se defiende no es lo mismo que el Sr. Alarcón ataca, como los molinos que atacaba Don Quijote no eran los gigantes que él veía.

No es lo peor que el naturalismo no sea como sus enemigos se lo figuran, sino que se parezca muy poco á la idea que de él tienen muchos de sus partidarios, llenos de una fé tan imprudente como todas las que son ciegas.

En España, y puede ser que fuera suceda lo mismo, las ideas nuevas suelen comenzar á podrirse antes de que maduren: cuando los españoles capaces de pensar por cuenta propia todavía no se han convencido de algo, ya el vulgo está al cabo de là calle, y ha entendido mal lo que los otros no acaban de entender bien. Lo malo de lo vulgar no es el ser cosa de muchos, sino de los peores, que son los más. Las ideas que se vulgarizan pierden su majestad, como los reyes populacheros. Porque una cosa es propagar y otra vulgarizar. Los adelantos de las ciencias naturales vulgarizados han dado por fruto las novelas absurdas de Verne y los libros de Figuier. El positivismo que ha llegado á los cafés, y acaso á las tabernas, no es mas que la blasfemia vulgar con algunos términos técnicos.

El naturalismo literario, que en España han admitido muy pocas personas formales, hasta ahora, cunde fácilmente, como un incendio en un almacén de petróleo, entre la gente menuda aficionada á lecturas arriesgadas. Es claro que el naturalismo no es como esos entusiastas, más simpáticos que juiciosos, lo comprenden y predican. El naturalismo, según ellos, lo puede derrotar el idealismo cinco veces en una hora: el naturalismo, según él, no lo ha entendido el Sr. Alarcón todavía, y lo que es más doloroso, el Sr. Campoamor tampoco. Para

éste es la imitación de lo que repugna á los sentidos; para Alarcón es... la parte contraria.

El libro á que estos renglones sirven de prólogo
es uno de los que mejor exponen la doctrina de
esa nueva tendencia literaria, tan calumniada por
amigos y enemigos.

¿Qué es el naturalismo? El que lea de buena fe, y
con algún entendimiento por supuesto, los capí-
tulos que siguen, preparado con el conocimiento
de las obras principales, entre las muchas á que
ésta se refiere, podrá contestar á esa pregunta
exactamente ó poco menos.

Yo aquí voy á limitarme, en tal respecto, á decir
algo de lo que el naturalismo no es, reservando la
mayor parte del calor natural para elogiar, como
lo merece, á la señora que ha escrito el presente
libro. Porque, á decir verdad, si para mí es cosa
clara el naturalismo, lo es mucho más el ingenio
de tan discreto abogado, que me recuerda á aquel
otro, del mismo sexo, que Shakespeare nos pinta
en *El Mercader de Venecia*.

El naturalismo no es la imitación de lo que repugna á los sentidos, Sr. Campoamor, queridísimo
poeta; porque el naturalismo no copia ni puede
copiar la sensación, que es donde está la repugnan-
cia. Si el naturalismo literario regalase al Sr. Campoamor los olores, colores, formas, ruidos, sabo-

res y contactos que le disgustan, podría quejarse, aunque fuera á costa de los gustos ajenos (pues bien pudieran ser agradables para otros los olores, sabores, formas, colores y contactos que disgustasen al poeta insigne). Pero es el caso que la literatura no puede consistir en tales sensaciones ni en su imitación siquiera. Las sensaciones no se pueden imitar sino por medio de sensaciones del mismo orden. Por eso la literatura ha podido describir la peste de Milán y los apuros de Sancho en la escena de los batanes, sin temor al contagio ni á los malos olores. El argumento del asco empleado contra el naturalismo no es de buena fe siquiera.

El naturalismo no es tampoco la constante repetición de descripciones que tienen por objeto representar ante la fantasía imágenes de cosas feas, viles y miserables. Puede todo lo que hay en el mundo entrar en el trabajo literario, pero no entra nada por el mérito de la fealdad, sino por el valor real de su existencia. Si alguna vez un autor naturalista ha exagerado, falto de tino, la libertad de escoger materia, perdiéndose en la descripción de lo insignificante, esta culpa no es de la nueva tendencia literaria.

El naturalismo no es solidario del positivismo, ni se limita en sus procedimientos á la observación y experimentación en el sentido abstracto, estrecho y lógicamente falso, por exclusivo, en que entiende tales formas del método el ilustre Claudio Bernard. Es verdad que Zola en el peor de sus trabajos críticos ha dicho algo de eso; pero él mismo escribió más tarde cosa parecida á una rectificación; y de todas maneras, el naturalismo no es responsable de esta exageración sistemática de Zola.

El naturalismo no es el pesimismo, diga lo que quiera el notable filósofo y crítico González Serrano, y por más que en esta opinión le acompañe acaso la poderosa inteligencia de D.ª Emilia Pardo Bazán, autora de este libro. Verdad es que Zola habla algunas veces—por ejemplo, al criticar *Las Tentaciones de San Antonio*—de lo que llamaba Leopardi «l'infinita vanita del tutto;» pero esto no lo hace en una novela; es una opinión del crítico. Y aunque se pudiera demostrar, que lo dudo, que de las novelas de Zola y de Flaubert se puede sacar en consecuencia que estos autores son pesimistas, no se prueba así que el naturalismo, escuela, ó mejor, tendencia pura y exclusivamente literaria, tenga que ver ni más ni menos con determinadas ideas filosóficas acerca de las causas y finalidad del mundo. Ninguna teoría literaria seria se mete en tales libros de metafísica; y menos que ninguna el naturalismo, que, en su perfecta imitación de la realidad, se abstiene de dar lecciones, de pintar los hechos como los pintan los inventores de filosofías de la historia, para hacerles decir lo que quiere que digan el que los pinta: el naturalismo encierra enseñanzas, como la vida, pero no pone cátedra: quien de un buen libro naturalista deduzca el pesimismo, lleva el pesimismo en sí; la misma conclusión sacará de la experiencia de la vida. Si es el libro mismo el que forzosamente nos impone esa conclusión, entonces el libro podrá ser bueno ó malo, pero no es, en este respecto, naturalista. Pintar las miserias de la vida no es ser pesimista. Que hay mucha tristeza en el mundo, es tal vez el resultado de la observación exacta.

El naturalismo no es una doctrina exclusivista, cerrada, como dicen muchos: no niega las demás tendencias. Es más bien un oportunismo literario; cree modestamente que la literatura más adecuada á la vida moderna es la que él defiende. El naturalismo no condena en absoluto las obras buenas que pueden llamarse idealistas; condena, sí, el idealismo, como doctrina literaria, porque éste le niega á él el derecho á la existencia.

El naturalismo no es un conjunto de recetas para escribir novelas, como han creído muchos incautos. Aunque niega las abstracciones quiméricas de cierta psicología estética que nos habla de los mitos de la inspiración, el estro, el genio, los arrebatos, el desorden artístico y otras invenciones á veces inmorales; aunque concede mucho á los esfuerzos del trabajo, del buen sentido, de la reflexión y del estudio, está muy lejos de otorgar á los necios el derecho de convertirse en artistas, sin más que penetrar en su iglesia. Entren en buen hora en el naturalismo cuantos lo deseen... pero en este rito no canta misa el que quiere: los fieles oyen y callan. Esto lo olvidan, ó no lo saben, muchos caballeros que, por haberse enterado de prisa y mal de lo que quiere la nueva tendencia literaria, cogen y se ponen á escribir novelas, llenos de buena intención, dispuestos á seguir en todo el dogma y la disciplina del naturalismo... Pero, *fides sine operibus nulla est.* Autor de estos hay que tiene en proyecto contar las estrellas y todas las arenitas del mar, para escribir la obra más perfecta del naturalismo. Ya se han escrito por acá novelas naturalistas con planos; y no falta quien tenga entre ceja y ceja una novela política, naturalista también, en la que, con motivo de hacer diputado al protagonista, piensa publicar la ley electoral y el censo. Lástima que tales extravíos no sean siquiera excesos del ingenio, sino producto de medianías aduladas, que, merced á la facilidad del trato social, piensan que por codearse en todas partes con el talento y hasta discutir con él pueden atreverse á las mismas empresas...

Y ya es hora de dejar el naturalismo y hablar de la escritora ilustre que con maestría lo defiende, no sin muchas salvedades, necesarias por culpa de las confusiones á que ya me he referido.

No necesita Emilia Pardo Bazán que yo ensalce sus méritos, que son bien notorios. Los recordaré únicamente para hacer notar el gran valor de su voto en la *cuestión palpitante*. Hay todavía quien niega á la mujer el derecho de ser literata. En efecto, las mujeres que escriben mal son poco agradables; pero lo mismo les sucede á los hombres. En España, es preciso confesarlo, las señoras que publican versos y prosa suelen hacerlo bastante mal. Hoy mismo escriben para el público muchas damas, que son otras tantas calamidades de las letras, á pesar de lo cual yo beso sus pies. Aun de las que alaba cierta parte del público, yo no diría sino pestes, una vez puesto á ello. Hay, en mi opinión, dos escritoras españolas que son la excepción gloriosa de esa deplorable regla general: me refiero á la ilustre y nunca bastante alabada D.ª Concepción Arenal y á la señora que escribe LA CUESTIÓN PALPITANTE.

La literata española no suele ser más instruída que la mujer española que se deja de letras: todo

lo fía á la imaginación y al sentimiento, y quiere
suplir con ternura el ingenio. Lo más triste es que
la moralidad que esas literatas predican, no siempre la siguen en su conducta mejor que las mujeres ordinarias. Emilia Pardo Bazán, que tiene una
poderosa fantasía, ha cultivado las ciencias y las
artes, es *un sabio* en muchas materias y habla cinco
ó seis lenguas vivas. Prueba de que estudia mucho
y piensa bien, son sus libros histórico-filosóficos,
como, por ejemplo, la Memoria acerca de Feijoo,
el Examen de los poemas épicos cristianos, el libro
San Francisco y otros muchos. De la fuerza de su
ingenio hablan principalmente sus novelas *Pascual López* y *Un viaje de novios*. Esta última obra
ha puesto á su autora en el número de los primeros novelistas del presente renacimiento. Pero la
señora Pardo Bazán emprende en LA CUESTIÓN
PALPITANTE un camino por el que no han andado
jamás nuestras literatas: el de la crítica contemporánea. ¡Y de qué manera! ¡con qué valentía! Espíritu profundo, sincero, imparcial, sin preocupaciones, sin un papel que representar necesariamente
en la comedia de la literatura que se tiene por clásica, al estudiar Emilia Pardo lo que hoy se llama
el naturalismo literario, así en las novelas que ha
producido como en los trabajos de crítica que exponen sus doctrinas, no pudo menos de reconocer

que algo nuevo se pedía con justicia, que algo
valía lo que, sin examen y con un desdén fingido,
condenan tantos y tantos literatos empalagosos y
holgazanes, que no piensan más que en saborear
las migajas de gloria ó de vanagloria que el público les concede, sobrado benévolo.

Es triste considerar que en España la buena fe,
la sinceridad apenas han llegado á las letras. La
misma afectación que suele haber en el estilo y en
la composición de las obras de fantasía, la hay en
el pensar y en el sentir: como se habla con frases
hechas, se piensa con pensamientos hechos. Y no
hay nadie que á los académicos hueros, que no se
avergüenzan de vestir un uniforme á fuer de literatos, los silbe sin piedad y ridiculice con sátira
que quebrante huesos. La literatura así es juego
de niños ó chochez de viejos. Se ha recibido aquí
el naturalismo con alardes de ignorancia y groserías de magnate mal educado, con ese desdén del
linajudo idiota hacia el talento sin pergaminos.
Crítico ha habido que ha llegado á decirnos que
nos entusiasmamos con el naturalismo, porque...
hemos leído poco! Que nada de eso es nuevo; que
ya en Grecia, y si se le apura, en China, había
naturalistas; que todo es natural sin dejar de ser
ideal, y viceversa, y que en letras lo mejor es no
admirarse de nada.

LA CUESTIÓN PALPITANTE demuestra que hay en
España quien ha leído bastante y pensado mucho,
y sin embargo, reconoce que el naturalismo tiene
razón en muchas cosas y pide reformas necesarias
en la literatura, en atención al espíritu de la época.

Emilia Pardo es católica, sinceramente religiosa;
ama las letras clásicas, estudia con fervor las épocas del hermoso romanticismo patrio, y con todo
reconoce, porque ve claro, que el naturalismo
viene en buen hora porque ha sabido llegar á
tiempo. Se puede combatir aisladamente tal ó cual
teoría de autor determinado; se puede censurar
algún procedimiento de algún novelista, las exageraciones, el espíritu sistemático; pero negar que el
naturalismo es un fermento que obra en bien de
las letras, es absurdo, es negar la evidencia.

Sabe la autora simpática, valiente y discretísima
de este libro á lo que se expone publicándolo. Yo
sé más; sé que hay quien la aborrece, á pesar de
que es una señora, con toda la brutalidad de las
malas pasiones irritadas; sé que no la perdonarán
que trabaje con tal eficacia en la propaganda de
un criterio, que ha de quitar muchos admiradores
á ciertas flores de trapo que pasan por joyas de
nuestra literatura contemporánea. Nada de eso
importa nada. La literatura vieja, que todavía viste
calzón corto en las solemnidades, y baila una es-

pecie de minué al *recibir* y *apadrinar* á los que admite en sus academias, tiene el derecho á las manías de la decrepitud. Nuestros escritores pseudo-clásicos, que se pasan la vida limpiando y dando esplendor á la herrumbre del idioma, me recuerdan á cierta pobre anciana de una célebre novela contemporánea. Ya perdido el juicio, vive con la manía de la limpieza, y no hace más que frotar cadenas y dijes para que brillen sin una mancha, como soles. Nuestros literatos *clásicos*, que son los románticos de ayer, suspiran con el hipo del idealismo mal comprendido, y faltos ya de ingenio para decir cosa nueva, se entretienen en lucir sus alhajas de antaño y limpiarlas una y otra vez, como la pobre vieja. En paz descansen.

¡Lo más triste es que cierta parte de la juventud, codiciando heredar los nichos académicos, adula á esos maniacos, y hace ascos también á lo nuevo, y revuelve papeles viejos, y lee á Zola traducido!

Al ver tanta miseria, ¿cómo no admirar y elogiar con entusiasmo á quien desdeña halagos que á otros seducen, y se atreve á provocar tantos rencores, á contrarrestar tantas preocupaciones, á sufrir tantos desaires, sacrificándolo todo á la verdad, á la sinceridad del gusto, esa virtud aquí confundida con el mal tono y casi, casi con la mala crianza?

Estéticos trasnochados que dividís las cosas en tres partes y no leéis novelas, y después habláis de literatura objetiva y subjetiva, como si dijerais algo: pseudo-clásicos insípidos, que aun no os explicáis por qué el mundo no admira vuestros versos á Filis y Amarilis, y despreciáis á los autores franceses modernos porque están llenos de galicismos: revisteros mal pagados, que traducís á los Sarcey, á los Veron, á los Brunetière, para mandarlos á España en vuestras *correspondencias de París*, traduciendo sin pensarlo hasta los rencores, las venganzas y la envidia de los críticos idealistas, pero no ideales: gacetilleros metafísicos, eruditos improvisados, imitadores cursis, apóstoles temerarios, novelistas desorientados, dramaturgos enmohecidos... leed, leed todos LA CUESTIÓN PALPITANTE, que aprenderéis no poco, y olvidaréis acaso (que es lo que más importa) vuestras preocupaciones, vuestras pedanterías, vuestra ciega cólera, vuestros errores tenaces, vuestras injusticias, vuestra impudencia y vuestros cálculos sórdidos respectivamente.

De este libro dirá algún periódico, *idealista* por lo visionario, «que está llamado á suscitar grandes polémicas literarias.»

¡Ojalá! Pero no. En España no suscitan polémicas más libros que los libelos.

XX

Lo que suscitará este libro será muchos renco- res taciturnos.

Aquí los literatos de alguna importancia no suelen discutir. Prefieren vengarse despellejando al enemigo de viva voz.

Debo añadir, que lo que más irritará á muchos no será la defensa de ciertas doctrinas, sino el elo- gio de ciertas personas.

¡Ojalá el que yo hago de Emilia Pardo Bazán pudiera poner amarillos hasta la muerte á varios escritores y escritoras... todos del sexo débil, por- que en el literato envidioso hay algo del *eterno femenino!*

CLARÍN.

Madrid 14 de junio.

LA CUESTIÓN PALPITANTE.

I.

HABLEMOS DEL ESCÁNDALO.

Es cosa de todos sabida que, en el año de 1882, naturalismo y realismo son á la literatura lo que á la política el partido formado por el Duque de la Torre: se ofrecen como última novedad, y por añadidura, novedad escandalosa. Hasta los oídos del más profano en letras comienzan á familiarizarse con los dos *ismos*.

Dada la olímpica indiferencia con que suele el público mirar las cuestiones literarias, algo desusado y anormal habrá en ésta cuando así logra irritar la curiosidad de unos, vencer la apatía de otros, y que todo el mundo se imagine llamado á opinar de ella y resolverla.

1

Este movimiento no sería malo, al contrario, si naciese de aquel ardiente amor al arte que dicen inflamaba á los ciudadanos de las repúblicas griegas; pero aquí reconoce distinto origen, y desatiende la cuestión literaria para atender á otras diferentes aunque afines. Muy análogo es lo que ocurre ahora con el naturalismo y el realismo á lo que sucedió con los dramas del Sr. Echegaray. Si teníamos ó no un grande y verdadero poeta dramático; si sus ficciones eran bellas; si procedía de nuestra escuela romántica ó había que considerar en él un atrevido novador, de todo esto se le importó algo á media docena de literatos y críticos; lo que es al público le tuvo sin cuidado; discutió, principalmente, si Echegaray era moral ó inmoral, si las señoritas podían ó no asistir á la representación de *Mar sin orillas*, y si el autor figuraba en las filas democráticas y había hablado *in illo tempore* de cierta trenza... El resultado fué el que tenía que ser: extraviarse lastimosamente la opinión, por tal manera, que harán falta bastantes años y la lenta acción de juiciosa crítica para que se descubra el verdadero rostro literario de Echegaray, y en vez del dramaturgo subversivo y demoledor, se vea al reaccionario que retrocede, no sólo al romanticismo, sino al teatro antiguo de Calderón y Lope.

Otro tanto acaecerá con el naturalismo y el realismo: á fuerza de encarecer su grosería, de asustarse de su licencia, de juzgarlo por dos ó tres páginas, ó si se quiere por dos ó tres libros, el público se quedará en ayunas, sin conocer el carácter de estas manifestaciones literarias, despúes de tanto como se habla de ellas á troche y moche.

Fácil es probar la verdad de cuanto indico. ¿Qué lector de periódicos habrá que no tropiece con artículos rebosando indignación, donde se pone á naturalistas y realistas como hoja de peregil, anatematizándolos en nombre de las potestades del cielo y de la tierra? Y esto no sólo en los diarios conservadores y graves, sino en el papel más radical y *ensalzao*, que diría un personaje de Pereda. Publicaciones hay que despúes de burlarse, tal vez, de los dogmas de la Iglesia, y de atacar sañudamente á clases é instituciones, se revuelven muy enojadas contra el naturalismo, que en su entender tiene la culpa de todos los males que afligen á la sociedad. Aquí que no peco, dicen para su sayo. Hubo un tiempo en que la acusación de desmoralizarnos pesó sobre la lotería y los toros: el naturalismo va á heredar los crímenes de estas dos diversiones genuinamente nacionales.

En confirmación de mi aserto aduciré un hecho. El Sr. Moret y Prendergast asistió este verano á los Juegos florales de Pontevedra, haciendo gran propaganda democrático-monárquica: pero también lució su elocuencia en la velada literaria, donde, dejando á un lado las lides del Parlamento y las tempestades de la política, lanzó un indignado apóstrofe á Zola y felicitó á los poetas y literatos gallegos que concurrieron al certamen, por no haber seguido las huellas del autor de los *Rougon Macquart.*

Francamente, confieso que si me hubiese pasado
toda la mañana en querer adivinar lo que diría por
la noche el Sr. Moret, así se me pudo ocurrir que
la tomase con Zola, como con Juliano el apóstata ó
el moro Muza. Cualquiera de estos dos personajes
hace en nuestra poesía tantos estragos como el pon-
tífice del naturalismo francés: á poeta alguno, que
yo sepa, se le pasa por las mientes imitarlo, ni en
Pontevedra, ni en otra ciudad de España. Si el señor Moret recomendase á los poetas originalidad é
independencia respecto de Bécquer, de Espronceda,
de Campoamor ó Núñez de Arce... entonces no
digo... Lo que es Zola bien inocente está de los delitos poéticos que se cometen en nuestra patria. Y
en la prosa misma nos dañan bastante más, hoy por
hoy, otros modelos.

El proceder del Sr. Moret me recuerda el caso
de aquel padre predicador que en un pueblo se des-
ataba condenando las peinetas, los descotes bajos
y otras modas nuevas y peregrinas de Francia, que
nadie conocía ni usaba entre las mujeres que com-
ponían su auditorio. Oíanle éstas y se daban al
codo murmurando bajito: «¡Hola, se usan descotes!
¡hola, conque se llevan peinetas!»

El lado cómico que para mí presenta el apóstrofe
del Sr. Moret, es dar señal indudable de la confu-
sión de géneros que hoy reina en la oratoria. Poca
gente asiste á los sermones en la Iglesia; pero, en
cambio, casi no hay apertura de Sociedad, discurso
de Academia, ni arenga política que no tienda á
moralizar á los oyentes. Al Sr. Moret le sirvió Zola

para mezclar en su discurso lo grave con lo ameno, lo útil con lo dulce; sólo que erró en el ejemplo.

Si entre los hombres políticos no está en olor de santidad el naturalismo, tampoco entre los literatos de España goza de la mejor reputación. Pueden atestiguarlo las frases pronunciadas por mi inspirado amigo el Sr. Balaguer al resumir los debates de la sección de literatura del Ateneo. Un insigne novelista, de los que más prefiere y ama el público español, me declaraba últimamente no haber leído á Zola, Daudet ni ninguno de los escritores naturalistas franceses, si bien le llegaba *su mal olor*. Pues bien, con todo el respeto que se merece el elegante narrador y cuantos piensen como él reuniendo iguales méritos, protesto y digo que no es lícito juzgar y condenar de oídas y de prisa, y sentenciar á la hoguera encendida por el ama de Don Quijote, á una época literaria, á una generación entera de escritores dotados de cualidades muy diversas, y que si pueden convenir en dos ó tres principios fundamentales, y ser, digámoslo así, frutos de un mismo otoño, se diferencian entre sí como la uva de la manzana y ésta de la granada y del níspero. ¿No fuera mejor, antes de quemar el ya ingente montón de libros naturalistas, proceder á un donoso escrutinio como aquel de marras?

Ni es sólo en España donde la literatura naturalista y realista está fuera de la ley. Citaré para demostrarlo un detalle que me concierne; y perdone el lector si saco á colación mi nombre, *di necessitá,* como dijo el divino poeta. En la *Révue Britanni-que* del 8 de agosto de 1882 vió la luz un artículo titulado *Littérature Espagnole-Critique.—Un di-plomate romancier: Juan Valera.* (Largo es el título; pero responda de ello su autor, que firma *Desconocid.*) Ahora pues, este *Mr. Desconocid* tras de hablar un buen rato de las novelas del señor Valera, va y se enfada y dice: «J'apprends qu'une femme, dans *Un voyage de fiancés* (Viaje de no-vios), essaye d'acclimater en Espagne le roman na-turaliste. Le naturalisme consiste probablement en ce que...» No reproduzco el resto del párrafo, porque el censor idealista añade á renglón seguido cosas nada ideales; paso por alto lo de traducir viaje de novios «Voyage de fiancés,» como si fue-sen los *futuros* y no los *esposos* quienes viajan jun-tos mano á mano—cosa no vista hasta la fecha—porque también traduce «pasarse de listo» por «Trop d'imagination;» y voy solamente á la ira y desdén que el crítico traspirenaico manifiesta cuando averigua que existe en España *une femme* que osa tratar de aclimatar la novela naturalista! Parece al pronto que todo crítico formal, al tener noticia del atentado, desearía procurarse el cuerpo del delito para ver con sus propios ojos hasta dónde llega la iniquidad del autor; y si esto hiciese *Mr. Desconocid*, lograría dos ventajas: primera, convencerse de que casi estoy tan inocente de la tentativa de aclimatación consabida, como Zola de la perversión de nuestros poetas; segunda, evitar la garrafalada de traducir viaje de novios por «Voyage de fiancés,» y todas las ingeniosas frases que le inspiró esta versión libérrima. Pero *Mr. Desconocid* echó por el atajo, diciendo lo que quiso sin molestarse en leer la obra, sistema cómodo y por muchos empleado.

He de confesar que, viéndome acusada nada menos que en dos lenguas (la *Révue Britannique* se publica, si no me engaño, en París y Londres simultáneamente) de los susodichos ensayos de aclimatación, creció mi deseo de escribir algo acerca de la palpitante cuestión literaria: *naturalismo y realismo.* Cualquiera que sea el fallo que las generaciones presentes y futuras pronuncien acerca de las nuevas formas del arte, su estudio solicita la mente con el poderoso atractivo de lo que vive, de lo que alienta; de lo actual, en suma. Podrá la hora que corre ser ó no ser la más bella del día; podrá no brindarnos calor solar ni amorosa luz de luna; pero al fin es la hora en que vivimos.

Aun suponiendo que naturalismo y realismo fuesen un error literario, un síntoma de decadencia, como el culteranismo, v. gr., todavía su conocimiento, su análisis, importaría grandemente á la literatura. ¿No investiga con afán el teólogo la historia de las herejías? ¿No se complace el médico en diagnosticar una enfermedad extraña? Para el botánico hay sin duda alguna plantas lindas y útiles y otras feas y nocivas, pero todas forman parte del plan divino y tienen su belleza peculiar en cuanto dan elocuente testimonio de la fuerza creadora. Al literato no le es lícito escandalizarse nímiamente de un género nuevo, porque los períodos literarios nacen unos de otros, se suceden con orden, y se encadenan con precisión en cierto modo matemática: no basta el capricho de un escritor, ni de muchos, para innovar formas artísticas; han de venir preparadas, han de deducirse de las anteriores. Razón por la cual es pueril imputar al arte la perversión de las costumbres, cuando con mayor motivo pueden achacarse á la sociedad los extravíos del arte.

Todas estas consideraciones y la convicción de que el asunto es nuevo en España, me inducen á emborronar una serie de artículos donde procure tratarlo y esclarecerlo lo mejor que sepa, en estilo mondo y llano, sin enfadosas citas de autoridades ni filosofías hondas. Quizás esta misma ligereza de mi trabajo lo haga soportable al público: el corcho sobrenada, mientras se sumerge el bronce. Si no salgo airosa en mi empresa, *otro lo cantará con mejor plectro*.

Obedece al mismo propósito de *vulgarización literaria* la inserción de estos someros estudios en un periódico diario. Si á tanto honor los hiciese acreedores la aprobación del lector discreto, no faltará un *in* 8.° donde empapelarlos; entretanto, corran y dilátense llevados por las alas potentes y veloces de la prensa, de la cual todo el mundo murmura, y á la cual todo el mundo se acoge cuando le importa... Y aquí me ocurre una aclaración. El pasado año se discutió en el Ateneo el tema de estos artículos, á saber: el *naturalismo*. La costumbre—con otra causa más poderosa no atino ahora, tal vez por la premura con que escribo—veda á las damas la asistencia á aquel centro intelectual; de suerte que, aun cuando me hallase en la corte de las Españas, no podría apreciar si se ventiló en él con equidad y profundidad la cuestión. Así es que al asegurar que el asunto es nuevo, aludo en particular á los dominios de la palabra escrita, donde definitivamente se resuelven los problemas literarios.

Sentado todo lo anterior, hablemos del escándalo. Cada profesión tiene su heroísmo propio: el anatómico es valiente cuando diseca un cadáver y se expone á picarse con el bisturí y quedar inficionado del carbunclo, ó cosa parecida; el aeronauta, cuando corta las cuerdas del globo; el escritor ha menester resolución para contrarrestar poco ó mucho la opinión general; así es que probablemente, al emprender este trabajo, añado algunos renglones honrosos á mi modesta hoja de servicios.

Tal vez alguien vuelva á hablar de *aclimataciones* y otras niñerías, afirmando que quise abogar por una literatura inmunda, vitanda y reprobable. A bien que la verdad se hace lugar tarde ó temprano, y el que desapasionada y pacientemente lea lo que sigue, no verá panegíricos ni alegatos, sino la apreciación imparcial de la fase literaria más reciente y característica. Y, por otra parte, como las ideas se difunden hoy con tal rapidez, es posible que en breve lo que ahora parece novedad sea conocido hasta de los estudiantes de primer año de retórica. Para entonces tendrá el naturalismo en España panegiristas y sectarios verdaderos, y á los meros expositores nos reintegrarán en nuestro puesto neutral.

II.

ENTRAMOS EN MATERIA.

Empezaré diciendo lo que en mi opinión debe entenderse por *naturalismo* y *realismo*, y si son una misma cosa ó cosas distintas.

Por supuesto que el Diccionario de la Lengua castellana (que tiene el don de omitir las palabras más usuales y corrientes del lenguaje intelectual, y traer en cambio otras como *of*, *chincate*, *songuita*, etc., que sólo habiendo nacido hace seis siglos ó en Filipinas, ó en Cuba, tendríamos ocasión de emplear), carece de los vocablos *naturalismo* y *realismo*. Lo cual no me sorprendería si éstos fuesen nuevos; pero no lo son, aunque lo es, en cierto modo, su acepción literaria presente. En filosofía, ambos términos se emplean desde tiempo inmemorial: ¿quién no ha oído decir el *naturalismo* de

Lucrecio, el *realismo* de Aristóteles? En cuanto al sentido más reciente de la palabra *naturalismo*, Zola declara que ya se lo da Montaigne, escritor moralista que murió á fines del siglo xvi.

Entre las *cien mil voces* añadidas al Diccionario por una *Sociedad de literatos* (París, Garnier, 1882), encuéntrase la palabra *naturalismo*, pero únicamente en su acepción filosófica: ni por asociarse se acuerdan más de la literatura los literatos susodichos. Así es que para fijar el sentido de las voces *naturalismo* y *realismo*, acudiremos al de *natural* y *real*. Según el Diccionario, natural es «lo que pertenece á la naturaleza;» real «lo que tiene existencia verdadera y efectiva.»

Y es muy cierto que el *naturalismo* riguroso, en literatura y en filosofía, lo refiere todo á la naturaleza: para él no hay más causa de los actos humanos que la acción de las fuerzas naturales del organismo y el medio ambiente. Su fondo es determinista, como veremos.

Por *determinismo* entendían los escolásticos el sistema de los que aseguraban que Dios movía ó inclinaba irresistiblemente la voluntad del hombre á aquella parte que convenía á sus designios. Hoy *determinismo* significa la misma dependencia de la voluntad, sólo que quien la inclina y subyuga no es Dios, sino la materia y sus fuerzas y energías. De un fatalismo providencialista, hemos pasado á otro materialista. Y pido perdón al lector si voy á detenerme algo en el asunto; poquísimas veces ocurrirá que aquí se hable de filosofía, y nunca profundizaremos tanto que se nos levante jaqueca; pero dos ó tres nocioncillas son indispensables para entender en qué consiste la diferencia del naturalismo y el realismo.

Filósofos y teólogos discurrieron, en todo tiempo, sobre la difícil cuestión de la libertad humana. ¿Nuestra voluntad es libre? ¿Podemos obrar como debemos? Es más: ¿podemos *querer* obrar como debemos? La antigüedad pagana se inclinó generalmente á la solución fatalista. Sus dramas nos ofrecen el reflejo de esta creencia: los Atridas, al cometer crímenes espantosos, obedecen á los dioses; penetrado de una idea fatalista, el filósofo estoico Epicteto decía á Dios: «llévame á donde te plazca;» y el historiador Veleyo Patérculo escribía que Catón «no hizo el bien por dar ejemplo, sino porque le era imposible, dentro de su condición, obrar de otro modo.» Más adelante, la teología cristiana, á su vez, discutió el tema del albedrío, en el cual se encerraba el gravísimo problema del destino final del hombre; porque, según acertadamente observaba San Clemente de Alejandría, ni elogios, ni honores, ni suplicios tendrían justo fundamento, si el alma no gozase de libertad al desear y al abstenerse, y si el vicio fuese involuntario. El mérito singular de la teología católica consiste en romper las cadenas del antiguo fatalismo sin negar la parte importantísima que toma en nuestros actos la necesidad. En efecto, reconociendo el libre arbitrio absoluto, como lo hacía el hereje Pelagio, resultaba que el hombre podría, entregado á sus fuerzas

solas y sin ayuda de la gracia, salvarse y ser perfecto, mientras que anulando la libertad, como el otro heresiarca Lutero, el ente más malvado é inicuo sería también perfecto é impecable, puesto que no estaba en su mano proceder de distinto modo.

Supo la teología mantenerse á igual distancia de ambos extremos; y San Agustín acertó á realizar la conciliación del albedrío y la gracia, con aquella profundidad y tino propios de su entendimiento de águila. Para esta conciliación hay un dogma católico que alumbra el problema con clara luz: el del pecado original. Sólo la caída de una naturaleza originariamente pura y libre puede dar la clave de esta mezcla de nobles aspiraciones y bajos instintos, de necesidades intelectuales y apetitos sensuales, de este *combate* que todos los moralistas, todos los psicólogos, todos los artistas se han complacido en sorprender, analizar y retratar.

Tiene la explicación agustiniana la ventaja inapreciable de estar de acuerdo con lo que nos enseñan la experiencia y sentido íntimo. Todos sabemos que cuando en el pleno goce de nuestras facultades nos resolvemos á una acción, aceptamos su responsabilidad: es más: aun bajo el influjo de pasiones fuertes, ira, celos, amor, la voluntad puede acudir en nuestro auxilio; ¡quién habrá que, haciéndose violencia, no la haya llamado á veces, y — si merece el nombre de hombre — no la haya visto obedecer al llamamiento! Pero tampoco ignora nadie que no siempre sucede así, y que hay ocasiones en que, como dice San Agustín, «por la resistencia habitual de la carne... el hombre ve lo que debe hacer, y lo desea sin poder cumplirlo.» Si en principio se admite la libertad, hay que suponerla relativa, é incesantemente contrastada y limitada por todos los obstáculos que en el mundo encuentra. Jamás negó la sabia teología católica semejantes obstáculos, ni desconoció la mutua influencia del cuerpo y del alma, ni consideró al hombre espíritu puro, ajeno y superior á su carne mortal; y los psicólogos y los artistas aprendieron de la teología aquella sutil y honda distinción entre el *sentir* y el *consentir*, que da asunto á tanto dramático conflicto inmortalizado por el arte.

¡Qué horizontes tan vastos abre á la literatura esta concepción mixta de la voluntad humana!

Cualquiera pensará que nos hemos ido á mil leguas de Zola y del naturalismo; pues no es así; ya estamos de vuelta. El fatalismo vulgar, el determinismo providencialista de Epicteto y Lutero, los trasladó Zola á la región literaria, vistiéndoles ropaje científico moderno.

Mostraremos cómo.

Si al hablar de la teoría naturalista la personifico en Zola, no es porque sea el único á practicarla, sino porque la ha formulado clara y explícitamente en siete tomos de estudios crítico-literarios, sobre todo en el que lleva por título *La novela experimental*. Declara allí que el método del novelista moderno ha de ser el mismo que prescribe Claudio Bernard al médico en su *Introducción*

al estudio de la medicina experimental; y afirma
que en todo y por todo se refiere á las doctrinas
del gran fisiólogo, limitándose á escribir *novelista*
donde él puso *médico*. Fundado en estos cimientos,
dice que así en los seres orgánicos como en los inorgánicos, hay un determinismo absoluto en las
condiciones de existencia de los fenómenos. «La
ciencia, añade, prueba que las condiciones de existencia de todo fenómeno son las mismas en los
cuerpos vivos que en los inertes, por donde la fisiología adquiere igual certidumbre que la química y
la física. Pero hay más todavía: cuando se demues-
tre que el cuerpo del hombre es una máquina, cuyas
piezas, andando el tiempo, monte y desmonte el
experimentador á su arbitrio, será forzoso pasar á
sus actos pasionales é intelectuales, y entonces
penetraremos en los dominios que hasta hoy seño-
rearon la poesía y las letras. Tenemos química y
física experimentales; en pos viene la fisiología, y
después la novela experimental también. Todo se
enlaza: hubo que partir del determinismo de los
cuerpos inorgánicos para llegar al de los vivos; y
puesto que sabios como Claudio Bernard demues-
tran ahora que al cuerpo humano lo rigen leyes
fijas, podemos vaticinar, sin que quepa error, la
hora en que serán formuladas á su vez las leyes
del pensamiento y de las pasiones. Igual determinismo debe regir la piedra del camino que el cerebro humano.» Hasta aquí el texto, que no peca de
oscuro, y ahorra el trabajo de citar otros.

Tocamos con la mano el vicio capital de la esté-

tica naturalista. Someter el pensamiento y la pasión
á las mismas leyes que determinan la caída de la
piedra; considerar exclusivamente las influencias
físico-químicas, prescindiendo hasta de la espontaneidad individual, es lo que se propone el naturalismo y lo que Zola llama en otro pasaje de sus
obras «mostrar y poner de realce la bestia humana.»
Por lógica consecuencia, el naturalismo se obliga
á no respirar sino del lado de la materia, á explicar
el drama de la vida humana por medio del instinto ciego y la desenfrenada concupiscencia. Se ve
forzado el escritor rigurosamente partidario del
método proclamado por Zola, á verificar una especie de *selección* entre los motivos que pueden de-
terminar la voluntad humana, eligiendo siempre
los externos y tangibles y desatendiendo los morales, íntimos y delicados: lo cual, sobre mutilar la
realidad, es artificioso y á veces raya en afectación,
cuando, por ejemplo, la heroína de *Una página
de amor* manifiesta los grados de su enamoramiento
por los de temperatura que alcanza la planta de
sus pies.

Y no obstante, ¿cómo dudar que si la psicología,
lo mismo que toda ciencia, tiene sus leyes inelu-
dibles y su proceso causal y lógico, no posee la
exactitud demostrable que encontramos, por ejemplo, en la física? En física el efecto corresponde
estrictamente á la causa: poseyendo el dato anterior tenemos el posterior; mientras en los dominios
del espíritu no existe ecuación entre la intensidad
de la causa y del efecto, y el observador y el cien-

2

tífico tienen que confesar como lo confiesa Delbœuf (testigo de cuenta, autor de *La psicología considerada como ciencia natural*) «que lo psíquico es irreductible á lo físico.»

En esta materia le ha sucedido á Zola una cosa que suele ocurrir á los científicos de afición: tomó las hipótesis por leyes, y sobre el frágil cimiento de dos ó tres hechos aislados erigió un enorme edificio. Tal vez imaginó que hasta Claudio Bernard nadie había formulado las admirables reglas del método experimental, tan fecundas en resultados para las ciencias de la naturaleza. Hace rato que nuestro siglo aplica esas reglas, madres de sus adelantos. Zola quiere sujetar á ellas el arte, y el arte se resiste, como se resistiría el alado corcel Pegaso á tirar de una carreta; y bien sabe Dios que esta comparación no es en mi ánimo irrespetuosa para los hombres de ciencia; solo quiero decir que su objeto y caminos son distintos de los del artista.

Y aquí conviene notar el segundo error de la estética naturalista, error curioso que en mi concepto debe atribuirse también á la ciencia mal digerida de Zola. Después de predecir el día en que, habiendo realizado los novelistas presentes y futuros gran cantidad de experiencias, ayuden á descubrir las leyes del pensamiento y la pasión, anuncia los brillantes destinos de la novela experimental, llamada á regular la marcha de la sociedad, á ilustrar al criminalista, al sociólogo, al moralista, al gobernante... Dice Aristófanes en sus *Ranas*: «He aquí los servicios que en todo tiempo prestaron

los poetas ilustres: Orfeo enseñó los sacros misterios y el horror al homicidio; Museo, los remedios
contra enfermedades y los oráculos; Hesíodo, la
agricultura, el tiempo de la siembra y recolección;
y al divino Homero ¿de dónde le vino tanto honor
y gloria, sino de haber enseñado cosas útiles, como
el arte de las batallas, el valor militar, la profesión
de las armas?...» Ha llovido desde Aristófanes
acá. Hoy pensamos que la gloria y el honor del
divino Homero consisten en haber sido un excelso
poeta: el arte de las batallas es bien diferente ahora
de lo que era en los dias de Agamenón y Aquiles,
y la belleza de la poesía homérica permanece siempre nueva é inmutable.

El artista de raza (y no quiero negar que lo sea
Zola, sino observar que sus pruritos científicos le
extravían en este caso) nota en sí algo que se subleva ante la idea utilitaria, que constituye el segundo error estético de la escuela naturalista. Este
error lo ha combatido más que nadie el mismo
Zola, en un libro titulado *Mis odios* (anterior á
La Novela experimental), refutando la obra póstuma
de Proudhon, *Del principio del arte y de su función social*. Es de ver á Zola indignado porque
Proudhon intenta convertir á los artistas en una
especie de cofradía de menestrales que se consagra
al perfeccionamiento de la humanidad, y leer
cómo protesta en nombre de la independencia
sublime del arte, diciendo con donaire que el objeto
del escritor socialista es sin duda comerse las rosas
en ensalada. No hay artista que se avenga á con-

fundir así los dominios del arte y de la ciencia: si el arte moderno exige reflexión, madurez y cultura, el arte de todas las edades reclama principalmente la personalidad artística, lo que Zola, con frase vaga en demasía, llama el *temperamento.* Quien careciere de esa quisicosa, no pise los umbrales del templo de la belleza, porque será expulsado.

Puede y debe el arte apoyarse en las ciencias auxiliares; un escultor tiene que saber muy bien anatomía, pero aspirar á hacer algo más que modelos anatómicos. Aquel sentimiento inefable que en nosotros produce la belleza, sea él lo que fuere y consista en lo que consista, es patrimonio exclusivo del arte. Yerra el naturalismo en este fin útil y secundario á que trata de enderezar las fuerzas artísticas de nuestro siglo, y este error y el sentido determinista y fatalista de su programa, son los límites que él mismo se impone, son las ligaduras que una fórmula más amplia ha de romper.

III.

SEGUIMOS FILOSOFANDO.

Tal cual la expone Zola, adolece la estética naturalista de los defectos que ya conocemos. Algunos de sus principios son de grandes resultados para
el arte; pero existe en el naturalismo, considerado
como cuerpo de doctrina, una limitación, un carácter cerrado y exclusivo que no acierto á explicar
sino diciendo que se parece á las habitaciones bajas
de techo y muy chicas, en las cuales la respiración
se dificulta. Para no ahogarse hay que abrir la ventana: dejemos circular el aire y entrar la luz del
cielo.

Si es *real* cuanto tiene existencia verdadera y
efectiva, el *realismo* en el arte nos ofrece una teoría más ancha, completa y perfecta que el *naturalismo*. Comprende y abarca lo natural y lo espiritual, el cuerpo y el alma, y concilía y reduce á unidad la oposición del naturalismo y del idealismo

racional. En el realismo cabe todo, menos las exageraciones y desvaríos de dos escuelas extremas, y por precisa consecuencia, exclusivistas.

Un hecho solo basta á probar la verdad de esto que afirmo. Por culpa de su estrecha tesis naturalista, Zola se ve obligado á desdeñar y negar el valor de la poesía lírica. Pues bien; para la estética realista vale tanto el poeta lírico más *subjetivo* é interior como el novelista más *objetivo*. Uno y otro dan forma artística á elementos reales. ¿Qué importa que esos elementos los tomen de dentro ó de fuera, de la contemplación de su propia alma ó de la del mundo? Siempre que una realidad—sea del orden espiritual ó del material—sirva de base al arte, basta para legitimarlo.

Citemos cualquier poeta lírico, el menos exterior, lord Byron ó Enrique Heine. Sus poesías son una parte de ellos mismos: esas quejas y tristezas y amarguras, ese escepticismo desconsolador, lo tuvieron en el alma antes de convertirlo en lindos versos: no hay duda que es un elemento real, tan real, ó más, si se quiere, que lo que un novelista pueda averiguar y describir de las acciones y pensamientos del prójimo: ¿quién refiere mejor una enfermedad sino el enfermo? Y aun por eso resultan insoportables los imitadores en frío de estos poetas tristes: son como el que remedase quejidos de dolor no doliéndole nada.

El gran poeta Leopardi es un caso de los más característicos de lo que puede llamarse realidad poética interior. Las penas de su edad viril, la condición de su familia, la dureza de la suerte, sus estudios de humanidades y hasta los miedos que pasó de niño en una habitación oscura, todo está en sus poesías, como indeleble sello personal, de tal modo que, si suponemos á Leopardi viviendo en diferentes condiciones de las que vivió, ya no se concibe la mayor parte de sus versos. Y digo yo: ¿no es justísimo que quepa en la ancha esfera de la realidad una obra de arte donde el autor pone la médula de sus huesos y la sangre de su corazón, por decirlo así? Aun suponiendo, y es mucho suponer, que el poeta lírico no expresase sino sus propios é individuales sentimientos, y que éstos pareciesen extraños, ¿no es la excepción, el caso nuevo y la enfermedad desconocida lo que más importa á la curiosidad científica del médico observador?

Pero si todas las obras de arte que se fundan en la realidad caben dentro de la estética realista, algunas hay que cumplen por completo su programa, y son aquellas donde tan perfectamente se equilibran la razón y la imaginación, que atraviesan las edades viviendo vida inmortal. Las obras maestras universalmente reconocidas como tales, tienen todas carácter anchamente realista: así los poemas de Homero y Dante, los dramas de Shakespeare, el *Quijote* y el *Fausto*. La Biblia, considerada literariamente, dejando aparte su autoridad sagrada, es la epopeya más realista que se conoce.

A fin de esclarecer esta teoría, diré algo del idealismo, para que no pesen sobre el naturalismo todas las censuras y se vea que tan malo es caerse hacia

el Norte como hacia el Sur. Y ante todo conviene
saber que el idealismo está muy en olor de santidad,
goza de excelente reputación y se cometen infinitos crímenes literarios al amparo de su nombre:
es la teoría simpática por excelencia, la que invo-
can poetas de caramelo y escritores amerengados;
el que se ajusta á sus cánones pasa por persona de
delicado gusto y alta moralidad; por todo lo cual
debe tratársele con respeto y no tomar la exposición
de sus doctrinas de ningún zascandil. Busquémosla,
pues, en Hegel y sus discípulos, donde larga y
hondamente se contiene.

Entre naturalistas é idealistas hay el mismo anta-
gonismo que entre Lutero y Pelagio. Si Zola niega
en redondo el libre arbitrio, Hegel lo extiende tanto
que todo está en él y sale de él. Para Zola, el universo físico hace, condiciona, dirige y señorea el
pensamiento y voluntad del hombre; para Hegel y
sus discípulos ese universo no existe sino mediante
la idea. ¿Qué digo ese universo? Dios mismo sólo *es*
en cuanto *es idea;* y el que se asuste de este concepto será, según el hegeliano Vera, un impío ó un in-
sensato (á escoger.) ¿Y qué se entiende por *idea?*
La idea, en las doctrinas de Hegel, es principio de
la naturaleza y de todos los seres en general, y la
palabra *Dios* no significa sino la idea absoluta ó el
absoluto pensamiento. Consecuencias estéticas del
sistema hegeliano. En opinión de Hegel, la esfera
del arte es «una región superior, más pura y verdadera que lo real, donde todas las oposiciones de
lo finito y de lo infinito desaparecen, donde la li-

bertad, desplegándose sin límites ni obstáculos, alcanza su objeto supremo.» Con este aleteo vertigi-
noso ya parece que nos hemos apartado de la tierra
y que nos hallamos en las nubes, dentro de un
globo aerostático. Espacios á la derecha, espacios
á la izquierda, y en parte alguna suelo donde sen-
tar los pies. Y es lo peor del caso que semejante
concepción trascendental del arte la presenta Hegel
con tal profundidad dialéctica, que seduce. Lo
cierto es que con esa libertad pelagiana que se des-
plega sin límites ni obstáculos, y con ese universo
construído de dentro á fuera, cada artista puede dar
por ley del arte su ideal propio, y decir, parodiando
á Luis XIV: «la estética soy yo.» «El arte—enseña
Hegel—restituye, á aquello que en realidad está
manchado por la mezcla de lo accidental y exterior, la armonía del objeto con su verdadera idea,
rechazando todo cuanto no corresponda con ella
en la representación; y mediante esta purificación
produce lo ideal, mejorando la naturaleza, como
suele decirse del pintor retratista.» Ya tiene el arte
carta blanca para enmendarle la plana á la naturaleza y forjar «el objeto,» según le venga en talante
á «la verdadera idea.»

Pongamos ejemplos de estas correcciones á la
naturaleza, tomándolos de algun escritor idealista.
Gilliatt, el héroe de *Los trabajadores del mar* de
Víctor Hugo, es en realidad un hombre rudo, que
casualmente se prenda de una chica y se ofrece
á desempeñar un trabajo hercúleo para obtener su
mano. Nada más natural y humano en cierto modo

que este asunto. Pero, por medio del procedimiento de Hegel, el hombre se va agigantando, convirtiéndose en un titán; sostiene lucha colosal con los elementos desencadenados, con los monstruos marinos, venciéndolos, por supuesto; por si no basta, concluye siendo mártir sublime, y el autor decreta su apoteosis.

Sin salir de esta misma novela, *Los trabajadores del mar*, aun encontramos otro personaje más conforme que Gilliatt con las leyes de la estética idealista: el pulpo. Pulpos sin enmienda los vemos á cada paso en nuestra costa cantábrica; cuando aplican sus ventosas á la pierna de un bañista ó de un marinero, basta por lo regular una sacudida ligera para soltarse; por acá, el inofensivo cefalópodo se come cocido y es manjar sabroso, aunque algo coriáceo. Pero éstos son los pulpos tal cual Dios los crió, la apariencia sensible del pulpo, que diría un hegeliano; lo real del pulpo, ó sea su idea, es lo que Víctor Hugo aprovechó para dramatizar la acción de *Los trabajadores*. Allí el pulpo ideal, ó la idea que se oculta bajo la forma del pulpo, crece, no sólo física, sino moralmente, hasta medir tamaño desmesurado: el pulpo es la sombra, el pulpo es el abismo, el pulpo es Lucifer. Así se corrige á la naturaleza.

Un héroe idealista de muy diversa condición que Gilliatt es el *Rafael* de Lamartine. Este no representa la fuerza y la abnegación, no es el león-cordero, sino la poesía, la melancolía, el amor insondable é infinito, el estado de ensueño perpetuo.

Complácese el autor en describir la lindeza de Rafael muy semejante á la del de Urbino, y además le atribuye las cualidades siguientes: «Si Rafael fuese pintor—dice—pintaría la Virgen de Foligno; si manejase el cincel, esculpiría la Psiquis de Canova; si fuese poeta, hubiera escrito los apóstrofes de Job á Jehová, las estancias de la Herminia del Tasso, la conversación de Romeo y Julieta á la luz de la luna, de Shakespeare, el retrato de Haydea, de lord Byron...» Ustedes creerán que Rafael se conforma con pintar lo mismo que su homónimo, esculpir como Canova y poetizar como Job, el Tasso, Shakespeare y Byron en una pieza. ¡Quiá! El autor añade que, puesto en tales y cuales circunstancias, Rafael hubiese tendido á todas las cimas, como César, hablado como Demóstenes y muerto como Catón. Así se compone un héroe idealista de la especie sentimental. ¡Cuán preferible es retratar un sér humano, de carne y hueso, á fantasear maniquíes!

Los hombres de extraordinario talento suelen poseer la virtud de la lanza de Aquiles para curar las heridas que abren. En la *Poética* de Hegel doy con un párrafo que es el mejor programa de la novela realista. «Por lo que hace á la representación, la novela propiamente dicha exige también, como la epopeya, la pintura de un mundo entero y el cuadro de la vida, cuyos numerosos materiales y variado fondo se encierren en el círculo de la acción particular que es centro del conjunto. En cuanto á las condiciones especiales de concepción y ejecución, hay que otorgar al poeta ancho campo, tanto más libre, cúanto menos puede, en este caso, eliminar de sus descripciones la prosa de la vida real, sin que por eso él haya de mostrarse vulgar ni prosaico.» Si se tiene en cuenta la época en que Hegel escribió, esto, cuando la novela analítica era la excepción, es más de admirar la exactitud de la apreciación independiente del sistema general hegeliano, como lo es también en cierto modo lo que dice acerca del fin y propósito del arte. En este terreno lleva inmensa ventaja á Zola: para Hegel, el arte es objeto propio de sí mismo, y referirlo á otra cosa, á la moral, por ejemplo, es desviarlo de su verdadero camino.

«El objeto del arte—declara el filósofo de Stuttgart—es manifestar la verdad bajo formas sensibles, y cualquiera otro que se proponga, como la instrucción, la purificación, el perfeccionamiento moral, la fortuna, la gloria, no conviene al arte considerado en sí.» El error que aquí nos sale al paso es que Hegel, al decir *verdad*, sobreentiende *idea*; pero al menos no saca á la belleza de su terreno propio, no confunde, como Zola, los fines del arte y de las ciencias morales y políticas.

El idealismo está representado en literatura por la escuela romántica, que Hegel consideraba la más perfecta, y en la cual cifraba el progreso artístico. Esta escuela, que tanto brilló en nuestro siglo, fué al principio piedra de escándalo, como lo es el naturalismo ahora. Sus instructivas vicisitudes merecen capítulo aparte.

IV.

HISTORIA DE UN MOTÍN.

Allá por los años de 1829, el conde Alfredo de Vigny, escritor delicado cuya aspiración era encerrarse en una *torre de marfil* para evitar el contacto del vulgo, dió al Teatro Francés la traducción y arreglo del *Otelo* de Shakespeare. Esta tragedia y las mejores del gran dramático inglés se conocían en Francia ya, merced á las adaptaciones de Ducis, que en 1792 había aderezado el *Otelo* al gusto de la época, con dos desenlaces distintos, uno el de Shakespeare y otro «para uso de las almas sensibles.» No juzgó el Conde de Vigny necesarias tales precauciones, aunque sí atenuó en muchos pasajes la crudeza shakesperiana; gracias á lo cual el público se mostró resignado durante los primeros actos, y hasta aplaudió de tiempo en tiempo. Pero al llegar á la escena en que el moro, frenético de celós, pide á Desdémona el pañuelo bordado que le entregara en prenda de amor, la palabra *pañuelo* *(mouchoir)*, traducción literal de la inglesa *hand-kerchief*, produjo en el auditorio una explosión de risas, silbidos, pateos y chicheos. Esperaban los espectadores algún circunloquio, alguna perífrasis alambicada, como *cándido cendal* ó cosa por el estilo, que no ofendiese sus cultas orejas; y al ver que el autor se tomaba la libertad de decir *pañuelo* á secas, armaron tal escándalo, que el teatro se caía.

Formaba parte Alfredo de Vigny de una escuela literaria entonces naciente, que venía á innovar y á trasformar por completo la literatura. Dominaba el clasicismo entonces, no sólo en las esferas oficiales, sino en el gusto y opinión general, como lo demuestra la anécdota del *pañuelo.* ¡Tan mínima licencia causar tan gran espanto! Es que lo que hoy nos parece leve, á la sazón era gravísimo. Las letras, á fuerza de inspirarse en los modelos clásicos, de sujetarse servilmente á las reglas de los preceptistas, y de pretender majestad, prosopeya y elegancia, habían llegado á tal extremo de decadencia que se juzgaba delito la naturalidad, y sacrilegio llamar á las cosas por su nombre, y las nueve décimas partes de las palabras francesas se hallaban proscritas á pretexto de no profanar la *nobleʒa del estilo.* Por eso el gran poeta que capitaneó la renovación literaria, Víctor Hugo, dijo en las *Contemplaciones:* «¡No haya desde hoy más vocablos patricios ni plebeyos! Suscitando una tempestad en el fondo de mi tintero, mezclé la negra multitud de las palabras con el blanco enjambre de las ideas, y exclamé: ¡De hoy más no existirá palabra en que no pueda posarse la idea bañada de éter!»

Una literatura que como el clasicismo de principios del siglo, mermaba el lenguaje, apagaba la inspiración y se condenaba á imitar por sistema, había de ser forzosamente incolora, artificiosa y pobre; y los románticos, que venían á abrir nuevas fuentes, á poner en cultura terrenos vírgenes, llegaban tan á tiempo como apetecida lluvia sobre la tierra desecada. Aunque al pronto el público se alborotase y protestase, tenía que acabar por abrirles los brazos. Es curioso que las acusaciones dirigidas al romanticismo incipiente se parezcan como un huevo á otro á las que hoy se lanzan contra el realismo. Leer la crítica del romanticismo hecha por un clásico, es leer la del realismo por un idealista. Según los clásicos, la escuela romántica buscaba adrede lo feo, sustituía lo patético con lo repugnante, la pasión con el instinto; registraba los pudrideros, sacaba á luz las llagas y úlceras más asquerosas, corrompía el idioma y empleaba términos bajos y viles. ¿No diría cualquiera que el objeto de esta censura es el *Assommoir?*

Sin arredrarse proseguían los románticos su formidable motín. En Inglaterra, Coleridge, Carlos Lamb, Southey, Wordsworth, Walter Scott, rompían con la tradición, desdeñaban la cultura clásica y preferían á *La Eneida* una balada antigua, y á Roma la Edad Media. En Italia, la renovación dramática procedía del romanticismo, por medio de

Manzoni. Alemania, verdadera cuna de la literatura romántica, la poseía ya riquísima y triunfante. España, harta de poetas sutiles y académicos, también se abrió gustosísima al cartaginés, que traía las manos llenas de tesoros. Pero en ninguna parte fué el romanticismo tan fértil, militante y brioso, como en Francia. Sólo por aquel brillante y deslumbrador período literario merecen nuestros vecinos la legítima influencia, que no es posible disputarles, y que ejercen en la literatura de Europa.

¡Magnífica expansión, rico florecimiento del ingenio humano! Sólo puede compararse á otra gran época intelectual: la de esplendor de la filosofía escolástica. Y tiene de notable haber sido mucho más corta: nacido el romanticismo después que el siglo xix, un gran crítico, Sainte Beuve, habló de él en 1848 como de cosa cerrada y concluída, declarando que el mundo pertenecía ya á otras ideas, otros sentimientos, otras generaciones. Fué un relámpago de poesía, de belleza y de encendida claridad, al cual se le puede aplicar la estrofa de Núñez de Arce:

. . . .
  ¡Qué espontáneo y feliz renacimiento!
¡Qué pléyada de artistas y escritores!
En la luz, en las ondas, en el viento
Hallaba inspiración el pensamiento,
Gloria el soldado y el pintor colores.

. . . .

Un individuo de la falange francesa, Dovalle, muerto en desafío á la edad de veintidos años, aconsejaba así al poeta romántico: «Ardiendo en amor y penetrado de armonías, deja brotar tus inflamados versos, y fogoso y libre pide á tu genio cantos nuevos é independientes. Si el cielo te disputa la sagrada chispa, vuela atrevido á robársela. ¡Vuela, mancebo! Sí, acuérdate de Ícaro: ¡él cayó, pero logró ver el cielo!»

Aunque del movimiento romántico francés descartemos á algunos de sus representantes que, como Alfredo de Musset y Balzac, no le pertenecen del todo y corresponden en rigor á distinta escuela, le queda una cantidad tal de nombres célebres, que bastaná enriquecer, no algunos lustros, sino un par de siglos. Chateaubriand,—hoy desdeñado más de lo justo;—el suave y melodioso Lamartine; Jorge Sand; Teófilo Gautier, tan perfecto en la forma; Victor Hugo, coloso que aun se mantiene de pie; Agustín Thierry, primer historiador artista, son suficientes para ello, sin contar los muchos autores, quizás secundarios, pero de indisputable valía, que dan señal evidente de la fecundidad de una época y pulularon en el romanticismo francés; Vigny, Mérimée, Gerardo de Nerval, Nodier, Dumas, y, en fin, una bandada de dulces y valientes poetisas, de poetas y narradores originales que fuera prolijo citar. Teatro, poesía, novela, historia, todo se vió instaurado, regenerado y engrandecido por la escuela romántica.

Nosotros, los del lado acá del Pirineo, satélites— mal que nos pese—de Francia, recordamos también la época romántica como fecha gloriosa, experimen-

tamos todavía su influencia y tardaremos bastante
en eximirnos de ella. Diónos el romanticismo á Zorrilla, que fué como el ruiseñor de nuestra aurora
al par que el lucero melancólico de nuestro ocaso:
místicos arpegios, notas de guzla, serenatas árabes,
medrosas leyendas cristianas, la poesía del pasado,
la riqueza de las formas nuevas, todo lo expresó el
poeta castellano con tan inagotable vena, con tan
sonora versificación, con tan deleitable y nunca
escuchada música, que aun hoy... ¡que lo tenemos tan lejos ya! parece que su dulzura nos suena
dentro, en el alma. A su lado, Espronceda alza la
byroniana frente; y el soldado poeta, García Gutié-
rrez, coge tempranos laureles que sólo le disputa
Hartzenbusch; el Duque de Rivas satisface la exigencia histórico-pintoresca en sus romances, y
Larra, más romántico en su vida que en sus obras,
con agudo humorismo, con zumbona ironía, indica
la transición del período romántico al realista. Mucho antes de que empezase á verificarse, aunque
determinada por la francesa, nuestra revolución literaria tuvo carácter propio: nada nos faltó: andando el tiempo, si no poseimos un Heine y un
Alfredo de Musset, nos nacieron Campoamor y
Bécquer.

Mas el teatro del combate decisivo, importa repetirlo, fué Francia. Allí hubo ataque impetuoso
por parte de los disidentes, y tenaz resistencia por
la de los conservadores. Baour-Lormian, en una
comedia titulada *El clásico y el romántico*, esta-
blecía la sinonimia de *clásico* y *hombre de bien*, de

romántico y *pillo*; y siguiendo sus huellas, siete literatos clásicos netos elevaron á Carlos X una exposición donde le rogaban que toda pieza contaminada de romanticismo fuese excluída del Teatro Francés, á lo cual el Rey contestó, con muy buen acuerdo, que en materia de poesía dramática él no tenía .más autoridad que la de espectador, ni más puesto que el asiento que ocupaba.

A su vez los románticos provocaban la lucha, retaban al enemigo y se mostraban díscolos y sediciosos hasta lo sumo. Reíanse á mandíbula batiente de las tres unidades de Aristóteles; mandaban á paseo los preceptos de Horacio y Boileau (sin ver que muchos de ellos son verdades evidentes dictadas por inflexible lógica, y que el preceptista no pudo inventar, como ningún matemático inventa los axiomas fundamentales, primeros principios de la ciencia), y se divertían en chasquear á los críticos que les eran adversos, como ingeniosamente lo hizo Carlos Nodier. Este docto filólogo y elegante narrador publicó una obra titulada *Smarra*, y los críticos, tomándola por engendro romántico, la censuraron acerbamente. ¡Cuál no sería su sorpresa al enterarse de que *Smarra* se componía de pasajes traducidos de Homero, Virgilio, Estacio, Teócrito, Catulo, Luciano, Dante, Shakespeare y Milton!

Hasta en los pormenores de indumentaria querían los románticos manifestar independencia y originalidad sin cuidarse de evitar la extravagancia. Son proverbiales y características las melenas de entonces, y famoso el traje con que Teófilo Gautier asistió al memorable estreno del *Hernani* de Víctor Hugo. Componíase el traje en cuestión de chaleco de raso cereza, muy ajustado, á manera de coleto, pantalón verde pálido con franja negra, frac negro con solapas de terciopelo, sobretodo gris forrado de raso verde, y á la garganta una cinta de *moiré*, sin asomos de tirilla ni cuello blanco. Semejante atavío, escogido adrede para escandalizar á los pacíficos ciudadanos y á los clásicos asombradizos, produjo casi tanto efecto como el drama.

No se limitaba el romanticismo á la literatura: trascendía á las costumbres. Es una de sus señas particulares haber puesto en moda ciertos detalles, ciertas fisonomías, las damiselas pálidas y con tirabuzones, los héroes desesperados y en último grado de tisis, la orgía y el cementerio. Varió totalmente el concepto que se tenía del literato: éste era por lo general, en otros tiempos, persona inofensiva, apacible, de retirado y estudioso vivir: desde el advenimiento del romanticismo se convirtió en calavera misántropo, al cual las musas atormentaban en vez de consolarle, y que ni andaba, ni comía, ni se conducía en nada como el resto del género humano, encontrándose siempre cercado de aventuras, pasiones y disgustos profundísimos y misteriosos. Y que no todo era ficticio en el tipo romántico, lo prueba la azarosa vida de Byron, el precoz hastío de Alfredo de Musset, la demencia y el suicidio de Gerardo de Nerval, las singulares vicisitudes de Jorge Sand, las volcánicas pasiones y trágico fin de Larra, los desahogos y vehemencias de Espronceda. No hay vino que no se suba á la cabeza si se bebe con exceso, y la ambrosía romántica fué sobrado embriagadora para que no se trastornasen los que la gustaban en la copa divina del arte.

¡Tiempos heroicos de la literatura moderna! Sólo la ciega intolerancia podrá desconocer su valor y considerarlos únicamente como preparación para la edad realista que empieza. Y no obstante, al llamar á la vida artística lo feo y lo bello indistintamente, al otorgar carta de naturaleza en los dominios de la poesía á todas las palabras, el romanticismo sirvió la causa de la realidad. En vano protestó Víctor Hugo declarando que vallas infranqueables separan á la realidad según el arte, de la realidad según la naturaleza. No impedirá esta restricción calculada que el realismo contemporáneo, y aun el propio naturalismo, se funden y apoyen en principios proclamados por la escuela romántica.

V.

ESTADO DE LA ATMÓSFERA.

Lo que se ve claramente al estudiar el romanticismo y fijar en él una mirada desapasionada, es que tenía razón Sainte-Beuve; que su vida fué tan corta como intensa y brillante, y que desde mediados del siglo ha muerto, dejando numerosa descendencia. Porque la clausura del período romántico no se debió á que aquel clasicismo rancio y anémico de otros días resucitase para imperar de nuevo; ni semejantes restauraciones caben en los dominios de la inteligencia, ni el entendimiento humano es ningún costal que se vacíe cuando está muy lleno, quedando encima lo de debajo, como suele decirse de las modas. Acertaba Mad. de Stael al declarar que ni el arte ni la naturaleza reinciden con precisión matemática; sólo vuelve y es restaurado lo que sobrevive á la crítica y cuela al través de su fino tamiz; así del clasicismo renacen hoy cosas realmente

buenas y bellas que en él hubo, ó que por lo menos,
si no son buenas y bellas, están en armonía con las
exigencias de la época presente y del actual espíritu
literario. Lo propio sucede al romanticismo; de él
sobrevive cuanto sobrevivir merece, mientras sus
exageraciones, extravíos y delirios pasaron como
torrente de lava, abrasando el suelo y dejando en
pos inútil escoria. Una literatura nueva, que ni es
clásica ni romántica, pero que se origina de ambas
escuelas y propende á equilibrarlas en justa proporción, va dominando y apoderándose de la segunda mitad del siglo xix. Su fórmula no se reduce
á un eclecticismo dedicado á encolar cabezas románticas sobre troncos clásicos, ni á un sincretismo
que mezcle, á guisa de legumbres en menestra, los
elementos de ambas doctrinas rivales. Es producto
natural, como el hijo en quien se unen sustancial-
mente la sangre paterna y la materna, dando por
fruto un individuo dotado de espontaneidad y vida
propia.

Me parece ocioso insistir en demostrar lo que no
puede ni discutirse, á saber, que existen formas literarias recientes, y que las antiguas decaen y se
extinguen poco á poco. Sería estudio curioso el de
la disminución gradual de la influencia romántica,
no sólo en las letras, sino en las costumbres. Sin
rasgar el velo que cubre la vida privada, considero
fácil poner de relieve el notable cambio que han
sufrido los hábitos literarios y el estado de ánimo
de los escritores. Desde hace algunos años calmóse
la efervescencia de los cerebros, sosegóse aquella

irritabilidad enfermiza, ó *subjetivismo*, que tanto
atormentaba á Byron y Espronceda, y entramos
en un período de mayor serenidad y sosiego. Nuestros grandes autores y poetas contemporáneos viven como el resto de los mortales; sus pasiones—
si es que las experimentan—laten escondidas en el
fondo de su alma, y no se desbordan en sus libros
ni en sus versos; el suicidio perdió prestigio á sus
ojos, y no lo buscan ni en el exceso de desordena-
dos placeres ni en ningún pomo de veneno ó arma
mortífera. En vestir, en habla y conducta, son
idénticos á cualquiera, y el que por la calle se tropiece con Núñez de Arce ó Campoamor sin cono-
cerlos, dirá que ha visto dos caballeros bien porta-
dos, el uno de pelo blanco, el otro algo descolorido,
que no tienen nada de particular. Todo París conoce la existencia *burguesa* y metódica de Zola,
encariñadísimo con su familia; y si no fuera que
siempre comete indiscreción quien descubre inti-
midades del hogar, por inocentes que sean, yo aña-
diría en este respecto al nombre del novelista francés algunos muy ilustres en España.

Lo cual no quiere decir que se haya concluído la
vaga tristeza, la contemplación melancólica, el so-
ñar cosas diferentes de las que nos ofrece la realidad tangible, el descontento y sed del alma y otras
enfermedades que sólo aquejan á espíritus altos y
poderosos, ó tiernos y delicados. ¡Ah, no por cierto!
Esa poesía interior no se agotó: lo proscrito es su
manifestación inoportuna, afectada y sistemática.
Los soñadores proceden hoy como aquellos fraile-

citos humildes y santas monjas que, al desempeñar los menesteres de la cocina ó barrer el claustro, sabían muy bien traer el pensamiento embebecido en Dios, sin que por fuera pareciese sino que atendían enteramente al puchero y á la escoba. No es nuestra edad tan positiva como aseguran gentes que la miran por alto, ni hay siglo en que la condición humana se mude del todo y el hombre encierre bajo doble llave algunas de sus facultades, usando sólo de las que le place dejar fuera. La diferencia consiste en que el romanticismo tuvo ritos, á los cuales, en el año de 1882, nadie se sujetaría sin que le retozase la risa en el cuerpo. Si en el estreno del drama más discutido de Echegaray se presentase alguien con el estrafalario atavío de Teófilo Gautier en *Hernani*, puede que lo mandasen á Leganés.

Ahora bien: si el romanticismo ha muerto y el clasicismo no ha resucitado, será que la literatura contemporánea encontró otros moldes, como suele decirse, que le vienen más cabales ó más anchos. Tengo por difícil juzgar ahora estos moldes: indudablemente es temprano: no somos aún la posteridad, y quizás no acertaríamos á manifestarnos imparciales y sagaces. Sólo es lícito indicar que una tendencia general, la realista, se impone á las letras, aquí contrastada por lo que aun subsiste del espíritu romántico, allá acentuada por el naturalismo, que es su nota más aguda, pero en todas partes vigorosa y dominante ya, como lo prueba el examen de la producción literaria en Europa.

De la generación romántica francesa sólo queda en pie Víctor Hugo, materialmente, porque vive; moralmente hace tiempo que no se cuenta con él; sus últimas obras no se pueden leer con gusto, ni casi con paciencia, y los autores franceses cuya celebridad atraviesa el Pirineo y los Alpes esparciéndose por todo el mundo civilizado, son realistas y naturalistas. Inglaterra ha visto caer uno á uno los colosos de su período romántico, Byron, Southey, Walter Scott, y venir á reemplazarlos una falange de realistas de talento singular: Dickens, que se paseaba por las calles de Londres días enteros anotando en su cartera lo que oía, lo que veía, las menudencias y trivialidades de la vida cotidiana; Thackeray, que continuó las vigorosas pinturas de Fielding; y por último, como corona de este renacimiento del genio nacional, Tennyson, el poeta del *home*, el cantor de los sentimientos naturales y apacibles, de la familia, de la vida doméstica y del paisaje tranquilo. España... ¿Quién duda que también España propende, sino tan resueltamente como Inglaterra, por lo menos con fuerza bastante, á recobrar en literatura su carácter castizo y propio, más realista que otra cosa? Se han establecido de algún tiempo acá corrientes de purismo y arcaísmo, que si no se desbordan, serán muy útiles y nos pondrán en relación y contacto con nuestros clásicos, para que no perdamos el gusto y sabor de Cervantes, Hurtado y Santa Teresa. No sólo los escritores primorosos y un tanto amanerados, como Valera, sino los que escriben libremente, *ex toto corde*, como Galdós, desempolvan, limpian de orín y dan curso á frases añejas, pero adecuadas, significativas y hermosas. Y no es únicamente la forma, el estilo, lo que va haciéndose cada vez más nacional en los escritores de nota; es el fondo y la índole de sus producciones. Galdós con los admirables *Episodios* y las *Novelas contemporáneas*, Valera con sus elegantes novelas andaluzas, Pereda con sus frescas narraciones montañesas, llevan á cabo una restauración, retratan nuestra vida histórica, psicológica, regional; escriben el poema de la moderna España. Hasta Alarcón, el novelista que más conserva las tradiciones románticas, luce entre sus obras un precioso capricho de Goya, un cuento español por los cuatro costados, *El sombrero de tres picos*. La patria va reconciliándose consigo misma por medio de las letras.

En resumen, la literatura de la segunda mitad del siglo XIX, fértil, variada y compleja, presenta rasgos característicos: reflexiva, nutrida de hechos, positiva y científica, basada en la observación del individuo y de la sociedad, profesa á la vez el culto de la forma artística, y lo practica, no con la serena sencillez clásica, sino con riqueza y complicación. Si es realista y naturalista, es también refinada; y como á su perspicacia analítica no se esconde ningún detalle, los traslada prolijamente, y pule y cincela el estilo.

Nótase en ella cierto renacimiento de las nacionalidades, que mueve á cada pueblo á convertir la mirada á lo pasado, á estudiar sus propios excelsos escritores, y á buscar en ellos aquel perfume peculiar ó inexplicable que es á las letras de un país lo que á ese mismo país su cielo, su clima, su territorio. Al par se observa el fenómeno de la imitación literaria, la influencia recíproca de las naciones, fenómeno ni nuevo ni sorprendente, por más que alardeando de patriotismo lo condenen algunos con severidad irreflexiva.

La imitación entre naciones no es caso extraordinario, ni tan humillante para la nación imitadora como suele decirse. Prescindamos de los latinos, que calcaron á los griegos; nosotros hemos imitado á los poetas italianos; Francia á su vez imitó nuestro teatro, nuestra novela: uno de sus autores más célebres, admirado por Walter Scott, Lesage, escribió el *Gil Blas*, *El Bachiller de Salamanca*, y *El diablo cojuelo*, pisando las huellas de nuestros escritores del género picaresco; en el período romántico, Alemania brindó inspiración á los franceses, que á su vez influyeron notablemente en Heine; y esto fué de modo que si cada nación hubiese de restituir lo que le prestaron las demás, todas quedarían, si no arruinadas, cuando menos empobrecidas. A propósito de imitación decía Alfredo de Musset con su donaire acostumbrado: «Acúsanme de que tomé á Byron por modelo. ¿Pues no saben que Byron imitaba á Pulci? Si léen á los italianos, verán cómo los desbalijó. Nada pertenece á nadie, todo pertenece á todos; y es preciso ser ignorante como un maestro de escuela para forjarse la ilusión de que decimos una sola palabra que nadie haya dicho. Hasta el plantar coles es imitar á alguien.»

La evolución (no me satisface la palabra, pero no tengo á mano otra mejor) que se verifica en la literatura actual y va dejando atrás al clasicismo y al romanticismo, transforma todos los géneros. La poesía se modifica y admite la realidad vulgar como elemento de belleza: fácil es probarlo con sólo nombrar á Campoamor. La historia se apoya cada vez más en la ciencia y en el conocimiento analítico de las sociedades. La crítica dejó de ser magisterio y pontificado, convirtiéndose en estudio y observación incesante. El teatro mismo, último refugio de lo convencional artístico, entreabre sus puertas, si no á la verdad, por lo menos á la verosimilitud invocada á gritos por el público, que si acepta y aplaude bufonadas, magias, pantomimas y hasta *fantoches* como mero pasatiempo ó diversión de los sentidos, en cuanto entiende que una obra escénica aspira á penetrar en el terreno del sentimiento y de la inteligencia, ya no le da tan fácilmente pasaporte. Pero donde más victoriosa se entroniza la realidad, donde está como en su casa, es en la novela, género predilecto de nuestro siglo, que va sobreponiéndose á los restantes, adoptando todas las formas, plegándose á todas las necesidades intelectuales, justificando su título de moderna epopeya. Ya es hora de concretarnos á la novela, puesto que en su campo es donde se produce el movimiento realista y naturalista con actividad extraordinaria.

VI.

GENEALOGÍA.

La forma primaria de la novela es el cuento, no escrito, sino oral, embeleso del pueblo y de la niñez. Cuando al amor de la lumbre, durante las largas veladas de invierno, ó hilando su rueca al lado de la cuna, las tradicionales abuela y nodriza refieren en incorrecto y sencillo lenguaje medrosas leyendas ó morales apólogos, son... ¡quién lo diría! predecesoras de Balzac, Zola y Galdós.

Pocos pueblos del mundo carecen de estas ficciones. La India fué riquísimo venero de ellas, y las comunicó á las comarcas occidentales, donde por ventura las encuentra algún sabio filólogo y se admira de que un pastor le refiera la fábula sanscrita que leyó el día antes en la colección de Pilpay. Arabes, persas, pieles-rojas, negros, salvajes de Australia, las razas más inferiores é incivilizadas, poseen sus cuentos. Cosa rara: el pueblo escaso de semejante género de literatura es el que nos impuso y dió todos los restantes, á saber, Grecia. Se cree que Esopo hubo de ser esclavo en algún país oriental para traer al suyo los primeros apólogos y fábulas. De novela, ni señales en las épocas gloriosas de la antigüedad clásica. Hasta cuatro siglos antes de nuestra era, cuando tenían ya los griegos sus admirables epopeyas, teatro, poesía lírica, filosofía é historia, no aparece la primer ficción novelesca, la *Ciropedia* de Jenofonte, narración moral y política que no carece de analogía con el *Telémaco*; el período ático—así se llama todo el tiempo en que florecieron las letras helenas—no presenta otro novelista ni otra novela, pues no se sabe que Jenofonte reincidiese. Los chinos, que en todo madrugan, poseyeron novelas desde tiempos remotos; pero como la cultura occidental arranca de Grecia, si quisiésemos rendir homenaje á nuestro primer novelista, tendríamos que celebrar el milenario, ó cosa así, de Jenofonte.

Durante el período de decadencia literaria que comenzó en Alejandría, sale á luz en el siglo de Augusto una linda novela pastoral, las *Eubeanas*, de Dión Crisóstomo. ¡No parece sino que la fantasía novelesca estaba aguardando, para manifestarse libremente, la venida del Cristianismo! Y muy á sus anchas debió volar desde entonces, y mucho abundarían las ficciones descabelladas y las *fábulas milesias*, cuando en el siglo II Luciano de Samosata, escritor escéptico y agudísimo, como quien dice, el Voltaire del paganismo, creyó necesario atacarlas en la misma guisa que Cervantes atacó despues los libros de caballería, parodiándolas en dos novelas satíricas, la *Historia verdadera* y el *Asno*.

En efecto, la literatura de aquellos primeros siglos del Cristianismo, si cuenta con alguna buena novela, como *Las Babilonias* de Jámblico, está plagada de patrañas, milagrerías é invenciones fantásticas, de biografías é historias sin piés ni cabeza, de cuentos referentes á Homero, Virgilio y otros poetas y héroes, de Evangelios, leyendas y actas apócrifas, algunas de muy galana invención; por donde se ve que el linaje de las novelas, con no ser tan antiguo como el de otros géneros, puede preciarse de ilustre, ya que un parentesco de afinidad le une á la literatura sagrada. La era de la novela griega concluye con *Dafnis y Cloe*, los *Amores de Teagenes y Clariclea*, las narraciones de Aquiles Tacio, las *Efesianas* de Jenofonte de Efeso, las *Cartas* de Aristenetes: género especial de novela erótica donde el paganismo moribundo se complacía en adornar con prolijas guirnaldas y festones el altar arruinado del amor clásico.

Sobreviene la Edad Media: cambian personajes, asuntos y escritores; la novela es poema épico, canción de gesta ó *fabliau*; sus protagonistas, Jasón, Edipo, los Doce Pares, el Rey Artús, Flora y Blancaflor, Lanzarote, Parcival, Guarino, Tristán é Iseo; los argumentos, la conquista del Santo Grial, la guerra de Troya, la de Tebas; los autores, troveros ó clérigos. Muy rudimentariamente, ya

allí se contenían los libros de caballerías y la novela histórica, así como las crónicas de los Santos y
leyendas doradas encerraban el germen de la novela psicológica, de menos acción y movimiento,
pero más delicada y sentida. Francia é Inglaterra
se llevaron la palma en este género de historias
romancescas, de paladines, aventuras, hazañas y
maravillas: bien nos desquitamos nosotros en el
siglo xvi.

Semejante á los jardines encantados que por arte
de magia hacía florecer en lo más crudo del invierno algún alquimista, abriéronse de pronto en
nuestra patria los cálices, pintados de gules, sino-
ple y azul, de la literatura andantesca. No habían
penetrado en España las crónicas y proezas de los
héroes carlovingios, los amoríos de Lanzarotes y
Tristanes, ni los embustes de Merlín, pero en cambio moraba ya entre nosotros, amén del brioso
Campeador real, el Cid ideal, el caballero perfecto,
puro y heroico hasta la santidad; el muy fermoso
y nunca bien ponderado Amadís de Gaula, patriarca de la Orden de caballería, tipo tan caro á
nuestra imaginación meridional é hidalga, que ya
á principios del siglo xv, los perros favoritos de los
magnates castellanos se llamaban Amadís, como
ahora se llamarían *Bismarck* ó *Garibaldi.* ¿Nació el
padre Amadís en Portugal ó en Castilla? Decídanlo
los eruditos: lo cierto es que calentó su cabeza el
sol ibérico, el sol que derretía los sesos de Alonso
Quijano errante por las abrasadoras llanuras man-
chegas, y que su interminable posteridad, como

4

retoños de oliva, brotó en el campo de las letras españolas. ¡Oh y cuán fecundo himeneo fué aquel del firme y casto Amadís con la incomparable señora Oriana!

Un mundo, un mundo imaginario, poético, dorado, misterioso y extranatural como el que vió el caballero de la Triste Figura en el fondo de la cueva de Montesinos, se alza en pos del hijo del Rey Perión de Gaula. Lisuartes, Floriseles y Esferamundis; caballeros del Febo, de la Ardiente Espada, de la Selva; hermosísimas doncellas, feridas de punta de amores; dueñas rencorosas ó doloridas; reinas y emperatrices de regiones extrañas, de ínsulas remotas, de comarcas antípodas, á donde algún alígero dragón trasportaba en un decir Jesús al andante; enanos, jayanes, moros y magos, endriagos y vestiglos, sabios con barbas que les besaban los pies, y princesas encantadas con pelo que les cubría el cuerpo todo; castillos, simas, opulentos camarines, lagos de pez que encerraban ciudades de oro y esmeraldas; cuanto brotó la fantasía de Ariosto, cuanto en melodiosas octavas cantó Torcuato Tasso, lo narraron en prosa castellana, rica, ampulosa, conceptuosa, henchida de retruécanos y tiquis miquis amatorios, García Ordóñez de Montalvo, Feliciano de Silva, Toribio Fernández, Pelayo de Ribera, Luis Hurtado y otros mil noveladores de la falange cuya lectura secó el cerebro de Don Quijote y cuyo estilo parecía de perlas al buen hidalgo. «¡Oh, que quiero—dice una heroína andantesca, la reina Sidonia—dar fin á mis razo-

nes por la sinrazón que hago de quejarme de aquel
que no la guarda en sus leyes!»

Apresúrate, llega ya, manco glorioso, que haces
gran falta en el siglo: ase la péñola y descabézame
luego al punto ese ejército de gigantes, que al to-
carles tú se volverán inofensivos cueros de vino
tinto: hendiráslos de una sola cuchillada, y per-
diendo su savia embriagadora, se quedarán aplas-
tados y hueros. ¡Ven, Miguel de Cervantes Saave-
dra, á concluir con una ralea de escritores disparata-
dos, á abatir un ideal quimérico, á entronizar la
realidad, á concebir la mejor novela del mundo!

Notemos aquí un pormenor muy importante. Si
bien la novela caballeresca prendió, arraigó y fruc-
tificó tan lozana y copiosamente en nuestro suelo,
ello es que nos vino de fuera. *Amadís*, en su origen,
es una leyenda del ciclo bretón, importada á España por algún fugitivo trovador provenzal. *Ti-
rante el Blanco*, otro libro primitivo andantesco,
fué trasladado del inglés al portugués y al lemosín.
Las aventuras de los andantes caballeros ocurren
en Bretaña, en Gales, en Francia. Aunque diestramente adaptadas sus historias á nuestra habla, y
leídas con deleite y hasta con entusiasta furor, no
pierden jamás un dejo extranjerizo que repugna al
paladar nacional. Venga un Cervantes; que escriba,
en forma de novela, una historia llena de verdad
y de ingenio, protesta del espíritu patrio contra el
falso idealismo y los enrevesados discursos que nos
pronuncian héroes nacidos en otros países, y al
punto se hará popular su obra, y la celebrarán las

damas, y la reirán los pajes, y se leerá en los salones y en las antesalas, y sepultará en el olvido las soñadas aventuras caballerescas: olvido tan rápido y total como ruidosa era su fama y aplauso.

De andar en manos de todo el mundo, pasaron los libros de caballerías á ser objeto de curiosidad. Sus autores eran contemporáneos de Herrera, Mendoza y los Luises. ¿Quién se acuerda hoy de aquellos fecundos novelistas, tan caros á su época? ¿Quién sabe, á no buscarlo exprofeso en un manual de literatura, el nombre del ingenio que compuso, v. gr., *Don Cirongilio de Tracia?*

No me es posible persuadirme—digan lo que quieran los trascendentalistas—á que Cervantes, cuando escribió el *Quijote*, no quiso realmente atacar los libros de caballerías, y matar en ellos una literatura exótica que robaba á la castiza todo el favor del público. Y lo creo así, en primer lugar, porque si la literatura caballeresca no hubiese alcanzado desarrollo y preponderancia alarmante, Cervantes al combatirla procedería como su héroe, tomando los carneros por ejércitos y batiéndose con los molinos de viento; y en segundo, porque juzgando analógicamente, comprendo bien que si un realista contemporáneo poseyese el talento asombroso de Cervantes, lo emplease en escribir algo contra el género idealista, sentimental y empalagoso que aun goza hoy del favor del vulgo, como los libros de caballería en tiempos de Cervantes. Por lo demás, claro que el *Quijote* no es mera sátira literaria. ¡Qué ha de ser, si es lo más gran-

de y hermoso que se ha escrito en el género nove-
lesco!

El principal mérito literario de Cervantes—dejando aparte el valor intrínseco del *Quijote* como
obra de arte—consiste en haber reanudado la tradición nacional, haciendo que al concepto del Amadís forastero y tan quimérico como Artús y Roldán
reemplace un tipo real como nuestro héroe castellano el Cid Rodrigo Díaz, que con mostrarse siempre valeroso y honrado, y noble y comedido, y
cristiano, lo mismo que el solitario de la Peña Pobre es además un sér de carne y hueso y manifiesta afectos, pasiones y hasta pequeñeces humanas,
ni más ni menos que D. Quijote; con ellos me
entierren y no con la dilatada estirpe de los Ama-
dises.

No inventó Cervantes la novela realista española
porque ésta ya existía·y la representaba *La Celestina,* obra maestra, más novelesca todavía que dramática, si bien escrita en diálogo. Ningún hombre,
aunque atesore el genio y la inspiración de Cervantes, inventa un género de buenas á primeras:
lo que hace es deducirlo de los antecedentes literarios. Mas no importa: el *Quijote* y el *Amadís* di-
viden en dos hemisferios nuestra literatura novelés-
ca. Al hemisferio del *Amadís* se pueden relegar todas las obras en que reina la imaginación, y al del
Quijote aquellas en que predomina el carácter realista, patente en los monumentos más antiguos de
las letras hispanas. En el primero caben, pues, los
innumerables libros de caballería, las novelas pas-

toriles y alegóricas, sin excluir la misma *Galatea* y el *Persiles*, de Cervantes; en el segundo las novelas *ejemplares y picarescas*: el *Lazarillo*, el *Gran Tacaño, Marcos de Obregón, Guzmán de Alfarache*; los cuadros llenos de luz y color de la *Gitanilla*, el humorístico *Coloquio de los perros*, el *Diablo cojuelo*, de Guevara; el·cuento donosísimo de los *Tres maridos burlados*, y... ¿á qué citar? ¿Cuándo acabaríamos de nombrar y encarecer tantas obras maestras de gracia, observación, donosura, ingenio, desenfado, vida, estilo y sentenciosa profundidad moral? Mientras el territorio idealista se pierde, se hunde cada vez más en las nieblas del olvido, el realista, embellecido por el tiempo —como sucede á los lienzos de Velázquez y Murillo,—basta para hacer que el pasado de nuestra literatura recreativa sea sin par en el orbe.

Esta brevísima excursión por el campo de la novela desde su nacimiento hasta la aurora de los tiempos modernos, en los cuales tanto se enriqueció y tantas metamorfosis sufrió, nos enseña cuán mudable es el gusto y cómo las épocas forman la literatura á su imagen. ¡Qué diferencia, por ejemplo, entre tres obras recreativas: *Dafnis y Cloe, Amadís de Gaula* y *El gran Tacaño*! Me represento á *Dafnis y Cloe* como un bajo relieve pagano cincelado, no en puro mármol, sino en alabastro finísimo. Sobre el fondo de una rústica·cueva, donde se alza el ara de las ninfas rodeada de flores, retozan el zagal y la zagala adolescentes, y á su lado brinca una cabra y yace caído el zurrón, el cayado, los odres llenos de leche fresca; el diseño es elegante, sin vigor' ni severidad, pero no sin cierta gracia y refinada molicie que blandamente recrea la vista. *Amadís* es un tapiz cuyas figuras se prolongan, más altas del tamaño natural; el paladín, armado de punta en blanco, se despide de la dama cuyos pies encubre el largo brial y cuyas delicadas manos sostienen una flor; entre los colores apagados de la tapicería, resplandecen aquí y allí lizos de oro y plata; en el fondo hay una ciudad de edificios cuadrangulares, simétricos, como las pintan en los códices. Y por último, el *Gran Tacaño* es á manera de pintura, de la mejor época de la escuela española; Velázquez sin duda fué quien destacó del lienzo la figura pergaminosa y enjuta del Dómine Cabra; sólo Velázquez podría dar semejante claro-oscuro á la sotana vieja, al rostro amarillento, al mueblaje exiguo del avaro. ¡Qué luz! ¡Qué sombras! ¡Qué violentos contrastes! ¡Qué pincel valiente, franco, natural y cómico á un tiempo! *Dafnis y Cloe* y *Amadís* no tienen más vida que la del arte; *El gran Tacaño* vive en el arte y en la realidad.

VII.

PROSIGUE LA GENEALOGÍA.

En achaque de novelas hemos madrugado bastante más que los franceses. Hartos estábamos ya de producir historias caballerescas, y florecía en nuestro Parnaso el género picaresco y pastoril, mientras ellos no poseían un mal libro de entretenimiento en prosa, si se exceptúan algunas *nouvelles*.

Sin embargo, cuando en sus tratados de literatura llegan nuestros vecinos al siglo XVI, no se olvidan jamás de decir que también tuvieron por entonces su Cervantes. Veamos quién fué el tal.

Poseído de la embriaguez de letras humanas que caracterizó al Renacimiento, cierto fraile franciscano, hijo de un ventero turenés, se dió á estudiar el griego, descuidando totalmente los deberes de su regla. Día y noche vivía encerrado en la celda con un compañero, y en vez de maitines, ambos recitaban trozos de Luciano ó de Aristófanes. Sorprendidos por el padre Superior, fuéles impuesta penitencia; y cuéntase—aunque los historiadores no lo dan por cosa averiguada—que desde aquel punto y hora el fraile humanista revolvió el convento con mil travesuras diabólicas, nada decorosas ni limpias, hasta que por fin logró escaparse y abandonar el claustro, yéndose mundo adelante á campar por su respeto. Sucesivamente fué monje benedictino, médico, astrónomo, bibliotecario, secretario de embajada, novelista y al cabo cura párroco; estudió y practicó todas las ciencias y todos los idiomas; disecó por primera vez en Francia un cadáver humano; satirizó á los religiosos, á la magistratura, á la Universidad, á los protestantes, á los reyes, á los pontífices, á Roma; y todo sin sufrir graves persecuciones, y muriendo en paz, gracias á lo mucho que lo protegía el Papa Clemente VII, al paso que Calvino le hubiera tostado de bonísima gana y el poeta Ronsard escribía su epitafio encargando al pasajero que derramase sobre la fosa del fraile exclaustrado sesos, jamones y vino, que le serían más gratos que las frescas azucenas.

Ahora bien; este hombre singular, habiendo publicado obras científicas y visto que nadie las compraba, concibió la idea de inculcar al pueblo los mismos conocimientos, pero en tal forma que le divirtiesen y los tragase sin sentir; para lo cual compuso una sátira desmesurada, extravagante y bufa, un colosal sainetón, del que «despachó más

ejemplares en dos meses que Biblias se vendían en
nueve años.» Y la ponderación no es corta, porque
en aquellos tiempos de protestantismo militante se
leía harto la Biblia. El autor compara la burlesca
epopeya de *Gargantúa* y *Pantagruel* á un hueso
que hay que roer para descubrir la sustanciosa médula; el hueso es verdad que tiene tuétano sucu-
lento, pero también grasa, sangre y piltrafas, que
es preciso apartar. Es de los libros más raros y
heterogéneos que se conocen: aquí una máxima
profunda, allí una grosería indecente; después de
un admirable sistema de educación, una aventura
estrambótica. Para hacerse cargo de la índole de
la fábula, baste decir que cada vez que mama el
héroe, el gigante Pantagruel, se chupa la leche de
cuatro mil seiscientas vacas.

Poner en parangón á Rabelais con Cervantes, es
lo mismo que comparar á Luciano de Samosata
con Homero. Indudablemente Rabelais era un sabio, y Cervantes no: he de decirlo aunque me ex-
comulgue algún cervantista. Pero á Rabelais, como
á su siglo, la erudición no lo salvó enteramente de
la barbarie. Rabelais legó á su patria una obra de-
forme, y Cervantes una creación acabada y sublime en su género. Nosotros podemos encomiar
el habla de Cervantes, y los franceses no propon-
drán nunca por modelo el lenguaje de Rabelais, á
pesar de su riqueza, variedad y carácter pintoresco.

Ni formó Rabelais, como el autor del *Quijote*,
escuela de novelistas, ni *Gargantúa* y *Pantagruel*

son, en rigor, novelas. Más imitadores tuvo en lo
sucesivo una mujer, la Reina Margarita de Na-
varra. En aquel siglo donde nadie era mojigato
sino los protestantes, la erudita Princesa, viajando
en litera y mojando la pluma en el tintero que su
camarista sostenía en el regazo, borroneó el *Hep-
tameron*, serie de cuentos alegres al estilo de los
de micer Boccaccio. En este género del cuento
breve ó *nouvelle* fué fecundísima Francia: ya desde
el siglo xv se conocía una gran colección, las *Cien
novelas nuevas*. Solían tales historietas narrarse
primero de viva voz; imprimiéndose después si
agradaban: superiores al cuento popular, eran inferiores á la novela propiamente dicha. Nosotros
carecemos de *nouvelles*: la *novela ejemplar*, aunque corta, tiene más alcance que la *nouvelle* francesa.

Los extremos se tocan: Francia, que descolló en
semejantes cuentos ligeros, produjo también los
novelones monumentales en varios tomos, que
abundaron en el siglo xvii. Era moda, á la sazón,
imitar á España; nuestra preponderancia política
había impuesto á Europa los trajes, costumbres y
literatura castellana. Dícese que Antonio Pérez,
famoso valido de Felipe II, fué quien trasplantó á
la corte de Francia, donde vivía refugiado, nuestro
culteranismo, al par que el caballero Marini, aquella peste de las letras italianas, gran corruptor del
gusto en su tierra, cruzó los Alpes para inficionar
á París. Formóse la sociedad del palacio de Ram-
bouillet, donde se conversaba apretando el ingenio,

quintesenciando el estilo, discreteando á porfía, y llovían madrigales, acrósticos y todo género de rimas galantes. A ejemplo del palacio memorable en los anales de la literatura francesa, se crearon otros círculos presididos por las *preciosas* (que entonces aun no eran *ridículas*), en los cuales también se alambicaba el lenguaje y los afectos: fruto y espejo de estas asambleas *sui generis* fueron las novelas interminables de La Calprénede, de Gomberville y de la señorita de Scudery. Los héroes de ellas, aunque llevaban nombres griegos, turcos y romanos, hablaban y sentían como franceses contemporáneos de las *preciosas*; Bruto escribía billeticos perfumados á Lucrecia, y Horacio Cocles, prendado de Clelia, contaba al eco sus amorosas cuitas. En *Clelia* levantó la señorita Scudery el famoso mapa del país de *Terneza*, al través del cual serpea el río de la *Afición*, se extiende el lago de la *Indiferencia* y descuellan los distritos del *Abandono* y la *Perfidia*. Considerando que tales novelas solían constar de ocho ó diez volúmenes de á ochocientas páginas, resulta que era preferible engolfarse en los libros de caballerías, aun á riesgo de secarse la mollera como el ingenioso hidalgo.

Es verdad que no todas las ficciones novelescas del siglo xvii parecen hoy tan soporíferas: las de Mad. de Lafayette se sufren mejor; la *Astrea* de Urfé es linda pastoral; la *Novela cómica* de Scarron, imitada del español, ofrece colorido y animados lances. Nosotros abandonábamos el riquísimo venero abierto por Cervantes, y entretanto los franceses muy á su sabor lo explotaban, sacando de él oro puro. Lesage, quizás el primer novelista de Francia en el siglo xviii, se labró un manto regio zurciendo retazos de la capa de Espinel, Guevara y Mateo Alemán. Bien quisimos disputar á Francia *Gil Blas*, en cuyo rostro y talle leíamos su origen castellano; pero ¿quién nos tiene la culpa de ser tan descuidados y pródigos? Inútilmente alegamos que Gil Blas debió nacer del lado acá del Pírineo: los franceses nos responden que lo que hay de español en *Gil Blas* es lo exterior, la vestidura: el carácter del protagonista, versátil y mediocre, es esencialmente galo. Y en eso vive Dios que llevan razón. Nuestros héroes són más héroes, nuestros pícaros más pícaros que Gil Blas.

El avate Prevost, novelador incansable que compuso sobre doscientos volúmenes, olvidados hoy, casualmente acertó á escribir uno por el cual figura al lado de Lesage. *Manon Lescaut* no es más ni menos que la historia sucinta de dos perdidos, uno varón y otro hembra. El héroe, el caballero Desgrieux, un solemne fullero; la heroína, Manon, una cortesana de baja estofa. Y está lo original y pasmoso del libro en que, con tales antecedentes, Manon y Desgrieux cautivan, interesan, hasta arrancar lágrimas. No es que se verifique en los dos personajes alguna de aquellas maravillosas conversiones, ó *redenciones por el amor*, que fingen los escritores contemporáneos, desde Dumas en *La Dama de las Camelias* hasta Farina en

Capelli Biondi: nada de eso. La cortesana muere impenitente. ¿A qué debe, pues, su atractivo singular la historia de Manon? Su autor nos lo revela. «Manon Lescaut—dice—no es sino pintura y sentimiento; pero pintura verdadera y sentimiento natural. En cuanto al estilo, habla en él la naturaleza misma.» La impresión que causa el breve libro de Prevost es la que produce un suceso cierto, el análisis de una pasión hecho por el paciente. Un hombre penetra en la iglesia; arrodíllase al pie de un confesonario, y refiere su vida sin omitir circunstancia, sin encubrir sus vilezas ni sus culpas, sin velar sus sentimientos ni atenuar sus malas acciones: ese hombre es gran pecador, pero ha amado mucho, ha sido arrastrado á pecar por afectos vehementísimos, y el confesor que le escucha siente deslizarse por sus mejillas una lágrima. Esto acontece al que oye en confesión al caballero Desgrieux.

¡Cuán lejos está Rousseau de poseer la naturalidad del abate Prevost! Rousseau es idealista y moralista: predicar, enseñar, reformar el universo, tal es su propósito. Sus novelas rebosan doctrinas, reflexiones y declamaciones: virtud, sensibilidad, amistad y ternura andan en ellas como por su casa. El *Emilio*, en especial, puede considerarse tipo de la novela docente: el arte, el interés de la ficción, la pintura de las pasiones, todo es allí secundario: el caso es demostrar cuanto se propuso el autor que el libro demostrase. Penetrado de las excelencias y ventajas del estado salvaje y primitivo, Rous-

seau defendió su tesis hasta el extremo, decía con
gracia Voltaire, de infundir ganas de andar á cuatro pies, y solicitó que la igualdad se aplicase tan
sin límites, que se casase el hijo del rey con la hija
del verdugo. ¡Pícara idea y cuántos estragos hizo
en la novela andando el tiempo! Lo noto de paso,
y continúo.

Por supuesto que la moral de Rousseau era peregrina: su héroe Saint-Preux, adorando la virtud,
seducía á la doncella que sus padres le fiaban para
educarla. No obstante, todo lo que se diga de la
popularidad y éxito de las novelas de Rousseau es
poco. Rousseau ejerció sobre su época el decisivo
influjo que alcanzan los escritores si aciertan á
erigirse en moralistas. Las mujeres lo idolatraron;
las madres lactaron á sus hijos para obedecerle;
pulularon las *Julias* y los *Emilios*; ciertas comarcas
del Norte quisieron tomarle por legislador; la Con-
vención puso en práctica sus teorías, y el torrente
de la revolución corrió por el cauce de sus ideas.
No ventilemos aquí si todo esto fué *vera gloria*:
lo evidente es que no fué gloria literaria. Cómo
novelista, vale más el abate Prevost.

El mérito literario que no puede negarse á Rousseau, es el de introducir melodías nuevas en el
idioma francés, desecado por la pluma corrosiva y
aguda de Voltaire. Rousseau supo ver el paisaje
y la naturaleza y describirla en páginas elocuentes
y hermosas. *Pablo y Virginia* son la segunda parte de la *Eloísa*; Bernardino de Saint-Pierre aplicó
á un tiempo los procedimientos artísticos y las

teorías anti-sociales de su modelo Rousseau, cuando buscó para teatro de su poema un país virgen, un mundo medio salvaje y desierto, y para héroes dos seres jóvenes y candorosos, no inficionados por la civilización y que mueren á su contacto, como la tropical sensitiva languidece al tocarla la mano del hombre.

Mejor que Rousseau narraba Voltaire. Sus *cuentos* en prosa son la misma sobriedad, la misma claridad, la misma perfección; no es posible indicar en ellos ni leves errores gramaticales; allí resalta el respeto más profundo, la más completa intuición de eso que se llama genio de un idioma. Pero también se advierte aquella pobreza de fantasía, aquella carencia de sentimiento, aquella luz sin calor y aquel corazoncillo seco y encogido, arrugado como nuez añeja, eterna inferioridad del autor de *Cándido*. Voltaire cuenta; no es posible que novele. El novelista necesita más simpatía y alma menos estrecha.

Diderot reune mejores condiciones de novelista. Voltaire sabe literatura, pero Diderot es artista, artista que pinta con la pluma: en él comienza la serie de los escritores coloristas de Francia; él emplea antes que nadie frases que copian y reproducen la sensación, por donde consumados estilistas contemporáneos le reconocen y nombran maestro. Sus teorías estéticas, nuevas y atrevidas entonces, contenían ya el realismo; en sus novelas late la realidad: lástima grande que, obedeciendo al gusto de la época, las haya sembrado de pasajes licenciosos, enteramente innecesarios. No pueden compararse sus aptitudes con las de ningún escritor de su tiempo; lea el que lo dude *El Sobrino de Rameau*, tesoro de originalidad; lea la misma *Religiosa*, descartando las manchas de inverecundia que la afean y el alegato contra los votos perpetuos que el acérrimo *libertino* no supo omitir, y verá un libro interesantísimo con delicado interés, sin aventuras ni incidentes extraordinarios, sin galanes ni amoríos de reja, con solo el combate interior de un espíritu y el vigoroso estudio de un carácter. Diderot escribió *La Religiosa* fingiendo ser las memorias de una doncella obligada por su familia á entrar monja sin vocación, y que tras de mil luchas se escapa del claustro, y dirigió el manuscrito al Marqués de Croismare, gran filántropo, como si la desdichada le pidiese auxilio. El Marqués, engañado por la admirable naturalidad del relato, se apresuró á mandar dinero y á ofrecer protección á la imaginaria heroína de Diderot.

Con estos novelistas de la Enciclopedia hemos llegado á un punto crítico. La revolución comienza, y mientras dure su formidable sacudida nadie escribe novelas, pero todo el mundo se halla expuesto á *vivirlas* muy dramáticas.

VIII.

LOS VENCIDOS.

Cuando pasó el Terror, las letras, que habían subido al cadalso con Andrés Chénier, comenzaron á volver en sí, pálidas aún del susto.

Pigault Lebrun fué el Boccaccio de aquella época azarosa, un Boccaccio tan inferior al italiano, como la estopa á la batista. Fiéveé, narrador agradable, entretuvo al público con historietas, y Ducray Duminil contó á la juventud patéticos sucesos, novelas donde la virtud perseguida triunfaba siempre en última instancia. De la pluma de Mad. de Genlis brotó un chorro continuo, igual y monótono de narraciones con tendencia pedagógico-moral; pero la iluminada y profetisa Mad. de Krüdener picó más alto, escribiendo *Valeria*.

No obstante, la figura principal que domina estas secundarias, entre las cuales tantas son femeninas, es otra mujer de prodigiosa cultura y excelso entendimiento, filósofa, historiadora, talento varonil si los hubo: la Baronesa de Stael.

Antes de componer novelas, la hija de Necker se había ensayado en obras serias y profundas, y su *Corina* y su *Delfina* fueron para ella como descanso de graves tareas, ó mejor dicho, como expansiones líricas, válvulas que abrió para desahogar su corazón, cuya viveza de sentimientos no desmentía su sexo. Ella misma fué heroína de sus novelas, y fundó así, rompiendo con la tradición de impersonalidad de los narradores y cuentistas, la novela idealista introspectiva. *Delfina* y *Corina* lograron tal aplauso, y ganaron tantos lectores, que hasta se cree que Napoleón no se desdeñó de criticar, en su cesáreo estilo, y por medio de un artículo anónimo inserto en el *Monitor*, las producciones novelescas de su acérrima adversaria.

Al par que trazaba á la novela los rumbos que tantas veces recorrió después, Mad. de Stael descubría una mina explotada luego por el romanticismo, dando á conocer en su magnífico libro *La Alemania* las riquezas de la literatura germánica, romántica ya y que de tal modo vino á influir en la de los países latinos.

Es de notar que los enciclopedistas, y Voltaire más que ninguno, mientras preparaban la revolución social atacando desaforadamente el antiguo régimen y minándolo por todos lados, se habían mostrado en literatura conservadores y pacatos hasta dejarlo de sobra, respetando supersticiosamente las reglas clásicas; y como si el clasicismo

en sus postrimerías quisiese revestirse de nueva
juventud y forma encantadora, encarnó en Andrés
Chénier, el poeta más griego y más clásico que
tuvo nunca Francia, al par que el primer lírico del
siglo XVIII. De modo que aun cuando Diderot re-
clamó la verdad en la escena y en la novela, y
Rousseau hizo florecer en su prosa el lirismo romántico, las letras permanecieron estacionarias y
clásicas durante la revolución y primeros años del
imperio, hasta que vinieron Mad. Stael y Chateaubriand.

Siendo jovencita, Mad. Stael leía asiduamente á
Rousseau; el joven emigrado bretón que comparte
con ella la soberanía de aquel período era también
discípulo del ginebrino, y discípulo más adicto, porque mientras Mad. Stael se mostró asaz indiferente
á la naturaleza, musa del autor de las *Confesiones*,
Chateaubriand se lanzaba á América por anhelo
de conocer y cantar un paisaje virgen, y describir
con más poesía que su maestro las magnificencias
de bosques, rios y montañas. Por este mismo propósito, donde el poeta tenía más parte que el novelista, resultó que las novelas de Chateaubriand
fueron poemas mejor que otra cosa. Al menos *Corina* se estudiaba á sí propia y á la sociedad en que
vivió; no que *René* se idealizaba, subiéndose al pedestal de su enfermizo orgullo, perdiéndose en ne-
bulosa melancolía, y aislándose así del resto de los
humanos. Sus contemporáneos hicieron de Chateaubriand un semidiós; la generación presente le
desdeña con exceso olvidando sus méritos de ar-

tista. *René* no es inferior al *Werther*, de Gœthe, como análisis de una noble enfermedad, la insaciable, vaga é inmensa pasión de ánimo de nuestro siglo. El descrédito cada vez mayor de Chateaubriand no puede achacarse más que á la creciente exigencia de realidad artística.

En efecto, cuantos quisieron buscar la belleza fuera de los caminos de la verdad, comparten la suerte del ilustre autor de los *Mártires*; la indiferencia general arrincona sus obras, cuando no sus nombres. ¿De qué le sirvió á Lamartine su unción, su dulzura, su instinto de compositor melodista, su fantasía de poeta, tantas y tantas cualidades eminentes? ¿Lee hoy alguien sus novelas? ¿Se embelesa nadie con el platónico panteísta *Rafael*? ¿Llora nadie las penas y abandono de *Graziella*? ¿Hay quien pueda llevar en paciencia á *Genoveva*?

Si las novelas de Víctor Hugo no han perdido tanto como las de Chateaubriand y Lamartine, consiste quizás en que son más objetivas; en los problemas sociales que plantean y resuelven, aunque por modo apocalíptico; en el vivo interés romancesco que saben despertar, y en cierto realismo... ¡perdóneme el gran poeta! de brocha gorda, que á despecho de la estética idealista del autor, asoma aquí y allí en todas ellas. Y digo de brocha gorda, porque nadie ignora que á Víctor Hugo le son más fáciles los toques de efecto que las pinceladas discretas y suaves, por donde su realismo viene á ser un *efectismo* poderoso, pero no tan hábil que no se le vea la hilaza. En suma, Víctor

Hugo toma de la verdad aquello que puede herir
la imaginación y avasallarla: verbigracia, el soplo
por la nariz con que el presidiario Juan Valjean
apaga la luz en casa de monseñor Bienvenido. Lo
que únicamente tiende á producir impresión de
realidad, Víctor Hugo no sabe ó no quiere obser-
varlo. En justo castigo de esta culpa, sus novelas
van estando, si no tan marchitas como las de Chateaubriand y Lamartine, al menos algo destartala-
das. Para que produzcan ilusión, hay que mirarlas
ya con luz artificial.

Por lo demás, ni Chateaubriand ni Víctor Hugo
ni Lamartine hicieron de la novela artículo de con-
sumo general, fabricado al gusto del consumidor.
Esta empresa industrial estaba guardada para el
irrestañable é impertérrito criollo Dumas, abogado
de los folletines, á cuya intercesión se encomien-
dan aún tantos dañinos escribidores.

¡Peregrina figura literaria la del autor de *Monte-
Cristo*! Trabajo le mando á quien se proponga leer
sus obras enteras. Si la inmortalidad de cada autor
se midiese por la cantidad de tomos que diese á la
estampa, Alejandro Dumas, padre, sería el primer
escritor de nuestra época. Porque si bien está demostrado que, además de novelista, fué Dumas
razón social de una fábrica de novelas conforme á
los últimos adelantos, donde muchas, como el
blanco y carmín de la doña Elvira del soneto, sólo
tenían de suyas el haberle costado su dinero; si es
cierto que se patentizó la imposibilidad física de
que hubiese escrito cuanto publicaba, y si cuando

pleiteó con los directores de *La Prensa* y de *El Constitucional*, éstos le probaron que, sin perjuicio de otros encargos, se había comprometido á darles á ellos cada año mayor número de cuartillas de original que puede despachar el escribiente más ligero; si amén de contraer y cubrir todos estos compromisos está averiguado que viajaba, que hacía vida social, frecuentaba los bastidores de los teatros y las redacciones de la prensa, se metía en política y galanteaba, todavía es admirable que haya dado abasto á escribir la prodigiosa cantidad de libros que sin disputa le pertenecen, y á leer y retocar los ajenos cuando salían escudados con su nombre.

Por muchos cirineos que le ayudasen á llevar el peso de la producción, Dumas aparece fecundísimo. Un teatro se fundó sólo para representar sus obras; un periódico para despachar en folletín sus novelas, pues ya no alcanzaban los editores á imprimirlas aparte. En tan inmenso océano de narraciones novelescas como nos dejó, sobreabunda el género pseudo-histórico, especie de resurrección de los libros de caballerías adaptados al gusto moderno. Alejandro Dumas llamaba á la historia clavo donde colgaba sus lienzos, y otras veces aseguraba que á la historia era lícito hacerle violencia, siempre que los bastardos naciesen con vida. Penetrado de tales axiomas, trató á la verdad histórica sin cumplimientos, como todos sabemos. Es cierto que también Chateaubriand había sustituído á la erudición sólida y á la crítica severa su fantasía incomparable; pero ¡de cuán distinto modo! Chateaubriand bordó de oro y perlas la túnica de la historia; Dumas la vistió de máscara.

En medio de todo, hay dotes sorprendentes en Alejandro Dumas. No es grano de anís inventar tanto, producir con tan incansable aliento y mecer y arrullar gratamente—siquiera sea con patrañas inverosímiles—á una generación entera. El don de imaginar, acaso nadie lo ha tenido en tanta cantidad como Alejandro Dumas, si bien otros lo poseyeron de calidad mejor y más exquisita: que en esto de imaginación, como en todo, hay género de primera y de segunda. Y realmente, Alejandro Dumas es el tipo de la literatura secundaria, no del todo ínfima, pero tampoco comparable á la que forjan grandes escritores con los cuales no puede medirse el autor de *Los tres mosqueteros*.

Literariamente, Dumas es mediocre. De ahí proviene su éxito y popularidad. Dumas subió á la altura exacta de la mayor parte de las inteligencias. Si su forma fuese más selecta y elegante, ó su personalidad más caracterizada, ó sus ideas más originales, ya no estaría al alcance de todo el mundo. Su novela es, pues, *la novela* por antonomasia; la novela que lee cada quisque cuando se aburre y no sabe cómo matar el tiempo; la novela de las suscriciones; la novela que se presta como un paraguas: la novela que un taller entero de modistas lee por turno; la novela que tiene los cantos grasientos y las hojas sobadas; la novela mal impresa, coleccionada de folletines, con láminas melodramáticas y cursis; la novela, en suma, más antiliteraria en el fondo, donde el arte importa un bledo y lo que interesa es únicamente saber en qué parará y cómo se las compondrá el autor para salvar á tal personaje ó matar á cuál otro.

Hoy, al ver la enorme biblioteca *dumasiana*, no sabe uno qué admirar más, si su tamaño ó su poca consistencia. El abate Prevost, de sus doscientos volúmenes, logró salvar uno que le inmortaliza: diez ó doce años después del fallecimiento de Dumas, dudamos si alguna de sus obras pasará á las futuras edades.

Bien arrumbado se va quedando asimismo el rival de Dumas, el poco menos fecundo é inventivo Eugenio Sue. En éste había la cuerda socialista, populachera y humanitaria, que tocada diestramente, obtiene triunfos tan brillantes como efímeros. Sin embargo, Sue tuvo más de artista que Dumas; dió mayor relieve á sus creaciones. Su fantasía, rica é intensa, evocaba con fuerza superior. Pero si en alguien alcanzó esta facultad aquel grado de pujanza que todo lo poetiza y transforma, y sin reemplazar á la verdad, compensa su falta, fué en Jorge Sand.

Jorge Sand es el escultor inspirado de la novela idealista; Alejandro Dumas, y Sue mismo, á su lado no pasan de alfareros. Gran productor como sus rivales, recibió del cielo, por añadidura, dones literarios, merced á los cuales fué el único competidor digno de Balzac, como madama de Stael lo había sido de Chateaubriand. Su ingenio era de aquellos

que hacen escuela y marcan huella resplandecien-
·te y profunda. En el día podemos juzgar con serenidad al ilustre andrógino, porque aun cuando somos casi coetáneos suyos, no hemos alcanzado el
periodo militante de sus obras. Nuestros padres
conocieron á Jorge Sand en la época de sus aventuras y vida bohemia, y se escandalizaron con la
propaganda anticonyugal y antisocial de sus primeros libros. Hoy, en el vasto conjunto de los escritos de Jorge Sand, esos libros, forma primaria
de su talento dúctil y variable, son un pormenor,
digno sí de tomarse en cuenta, pero que no empece
al mérito de los restantes: tanto más, cuanto que
el gusto ha cambiado, y actualmente se cree que
la obra mejor de la autora de *Mauprat* son sus novelas campestres, Geórgicas modernas, dignas de
compararse con las del poeta mantuano. ¿Qué im-
portan las teorías filosóficas tan extravagantes como inconsistentes de Jorge Sand? Latouche dijo de
ella descortésmente que era un eco que aumenta-
ba la voz; y á fe que no se engañó en lo que res-
pecta á pensamiento, porque Jorge Sand dogmati-
zaba siempre por cuenta ajena. Pero el escritor insigne no le debe nada á nadie. Hoy sus filosofías
son tan peligrosas para la sociedad y la familia como una linterna mágica ó un kaleidoscopio. *Va-
lentina*, *Lelia*, *Indiana* no nos persuaden á cosa
alguna; su propósito docente ó disolvente resulta
inofensivo. Lo que permanece inalterable es el ní-
tido y majestuoso estilo, la fantasía lozana del
autor.

En toda la literatura idealista que revisamos impera la imaginación, de más ó menos quilates, más ó menos selecta; pero siempre como facultad soberana. Podemos decir que ella es la *característica* del período literario que empieza con el siglo y dura hasta su mitad. Y también indudable aparece la decadencia del género. No hablemos de Alejandro Dumas y Eugenio Sue: consideremos sólo á Jorge Sand, que vale infinitamente más que ellos. Lo que sucede con Jorge Sand es prueba palmaria de que la literatura de imaginación es ya cadáver. La célebre novelista, de edad muy avanzada, falleció hace pocos años, como si dijéramos ayer, en 1876, en su tranquilo retiro de Nohant, y hasta los últimos dias de su existencia escribió y publicó novelas, donde no se advertía inferioridad ó descenso ni en la composición ni en el estilo, antes descollaba como siempre la maestría propia del gran prosista. Pues esas novelas, insertas en la *Revista de Ambos Mundos*, pasaban inadvertidas; nadie reparaba en ellas; para la generación actual, Jorge Sand había muerto mucho antes de bajar al sepulcro. ¿Y por qué? Tan sólo porque estaba fuera del movimiento literario actual; porque cultivaba la literatura de imaginación, que tuvo su época y hoy no cabe. No es que la gente dejase de pronunciar con admiración el nombre de Jorge Sand; es que consideraba sus escritos como se consideran los de un clásico, de un autor que fué hijo de otras edades y no vive en la presente.

IX.

LOS VENCEDORES.

Conocidos ya los padres de la iglesia idealista, ahora nos toca trabar amistad con los jefes de la escuela contraria.

Diderot es su patriarca; él comunicó antes que nadie á la empobrecida lengua del siglo XVIII colorido y vibración; él abogó, como sabemos, por la verdad en el arte. Descendiente en línea recta de Diderot fué Enrique María Beyle, *Stendhal.*

Antes de escribir novelas, Stendhal manejó la crítica y narró sus impresiones de viaje; pero en ningun género de los diversos que cultivó aspiraba á la gloria de las letras. No hay cosa menos parecida á un escritor de oficio que Stendhal: hombre de activa existencia, de varia fortuna, pintor, militar, empleado, comerciante, auditor del Consejo de Estado, diplomático, quizás debió á su misma diversidad de profesiones la acuidad de observación y el

conocimiento de la vida que distingue á los *viaje-*
ros literarios, como Cervantes y Lesage, investi-
gadores curiósos que prefieren á los polvorientos
libros de las bibliotecas la gran biblia de la sociedad. Stendhal emborronó papel sin premeditación;
no usó de pseudónimos por coquetería, sino por
mejor ocultarse; no se creyó llamado á regenerar
cosa alguna, ni á trasformar el siglo con sus escritos; trabajó como aficionado, y cierto día se quedó
estupefacto viendo un artículo encomiástico que
Balzac le dedicaba. «He repasado el artículo—son
sus propias palabras—pereciéndome de risa. A cada
elogio subido de punto, pensé en el gesto que pon-
drían mis amigos si tal leyesen.» Sencillo en la forma, aunque muy refinado y sutil en el fondo, empleaba el sobrio lenguaje de los enciclopedistas,
con mayor descuido é incorrección de la que ellos
se permitieron; y aunque tocado de romanticismo
en sus primeros años, jamás admitió las galas y
adornos de la prosa romántica; antes para manifestar su desdén por el estilo florido, afirmaba que al
sentarse al escritorio tenía muy buen cuidado de
echarse al coleto una página del Código.

Por culpa de esta originalidad misma, Stendhal
consiguió en vida pocos lectores y menos partidarios: el fulgor de las estrellas románticas llenaba
entonces el firmamento. Hasta dos lustros después
de la muerte de Stendhal, ocurrida en 1842, no empezaron á llamar la atención sus obras, que no llegan á docena y media, fundándose en sólo dos novelas su fama de escritor realista. *La Cartuja de*

Parma describe una corte pequeña, un ducado italiano, donde se tejen maquiavélicas intrigas y el amor y la ambición hacen diabluras: tempestad en el lago de Como. *El rojo y el negro* estudia aquella primera época de la Restauración francesa, en que sucedió al poder militar de Napoleón—ídolo de Stendhal—la influencia religioso-aristocrática. Acerca del mérito de estos dos libros se han pronunciado juicios muy diversos. Sainte Beuve, declarando que no son novelas vulgares y que sugieren ideas y abren caminos, las califica sin embargo de *detestables*, fallo harto radical para un crítico tan ecléctico. Taine las admira hasta el punto de llamar á Stendhal gran ideólogo y primer psicólogo de su siglo. Balzac se declara incapaz de escribir cosa tan bella como *La Cartuja de Parma*. A Caro le irritan de tal suerte ésta y las demás obras de Stendhal, que llega á injuriar al autor; y Zola, reconociendo en él al sucesor de Diderot y poniéndolo en las nubes, niega la completa realidad de sus personajes, que no són, en concepto de Zola, hombres de carne y hueso, sino complicados mecanismos cerebrales, que funcionan aparte, independientes de los demás órganos.

Hay algo de verdad en tan opuestos pareceres. Si se atiende al procedimiento artístico, Sainte Beuve está en lo cierto. Las novelas de Stendhal no carecen de ninguna imperfección. Escritas con poca gramática—como demostró Clemencín que está el *Quijote,*—su estilo es no sólo descarnado, sino escabroso. Fáltales unidad, coherencia, interés sostenido gradualmente; en suma, las cualidades que suelen elogiarse en una obra literaria. De *La Cartuja de Parma* podrían suprimirse las dos terceras partes de los personajes y la mitad de los acontecimientos sin grave inconveniente: en *El rojo y el negro* sería muy oportuno que la novela concluyese en el primer tomo: también podría acabar á la mitad del segundo. Respecto á elegancia y proporción y destreza en componer, está muy por cima de Stendhal su discípulo Merimée.

Zola tampoco yerra cuando asegura que los héroes de Stendhal raciocinan demasiado. Sí; á veces sobra allí raciocinio. El protagonista de *El rojo y el negro*, Julián Sorel, al regresar de un desafío, donde le han metido una bala en un brazo, viene raciocinando muy reposadamente acerca del trato de las gentes de alto coturno, de si su conversación es amena ó enfadosa, y otras menudencias por el estilo: y no lo hace en voz alta ni con ánimo de mostrarse sereno, que entonces sería natural, sino para su capote. Otro cualquiera pensaría en la herida, por poco que le doliese. Sin embargo, Zola, al reconocer estos lunares, conviene con Taine, declarando que Stendhal es profundo psicólogo. Lo que le falta por confesar al jefe del naturalismo francés es que el valor de los aciertos de Stendhal consiste precisamente en el terreno sobre que recaen. Stendhal analiza y diseca el alma humana, y aunque á Zola no le cuadre, el que acierta en ese género de estudio se coloca muy alto. Es como el disector que trabaja en las partes más delicadas é íntimas del organismo, necesarias para la vida; ó como el cirujano que opera sobre tejidos recónditos, llenos de venas, arterias y nervios.

Copista de la naturaleza exterior, á cuyo influjo atribuye las determinaciones del albedrío, Zola pospone sistemáticamente ese orden de verdades que no están á flor de realidad, sino incrustadas, digámoslo así, en las entrañas de lo real, y por lo mismo sólo pueden ser descubiertas por ojos perspicaces y escalpelos finísimos. No es que Zola no sea psicólogo; pero lo es á lo Condillac, negando la espontaneidad psíquica: por eso el método *interiorista* de Stendhal no acaba de satisfacerle. Y es el caso que Stendhal no tiene otros títulos á la gloria que ya va dorando su sepulcro sino esa lucidez de psicólogo realista que nos presenta un alma desnuda, cautivándonos con el espectáculo de la rica y variada vida espiritual, espectáculo tanto ó más interesante, diga Zola lo que quiera, que el de los mercados en el *Vientre de París*... y cuenta que este vasto *bodegón* de Zola es admirable. En resumen, Stendhal borra sus muchos é innegables defectos con el subido valor filosófico de sus bellezas, viniendo á ser sus obras como joya de ricos diamantes engarzados y montados sin esmero alguno.

Extraños azares los de la gloria literaria. Stendhal, con el corto patrimonio de dos novelas, logra hoy ver unido su nombre, en concepto de iniciador del arte realista y naturalista, al de Balzac, que fué un titán, un cíclope, forjador incansable de libros. Y cuenta que si Stendhal era indiferente á la celebridad, Balzac aspiraba á ella con todas las fuerzas de su alma. La obtuvo particularmente fuera de su país, en Italia, en Suecia, en Rusia; mas no tanta que no compitiesen ventajosamente con él adversarios como Dumas y Sue, disputándole la honra y el provecho. Mientras Dumas podía derrochar en locuras caudales ganados con su péñola de novelista, Balzac luchaba cuerpo á cuerpo con la miseria sin obtener jamás un mediano estado de fortuna. Para mayor dolor, la crítica le atacaba encarnizadamente.

No encierra la vida de Balzac aventuras novelescas; su historia se reduce á trabajar y más trabajar para satisfacer á sus acreedores y crearse una renta desahogada; escribió sin descanso, sin término, pasando las noches de claro en claro, produciendo á veces una novela en diez horas, y todo en balde, sin lograr verse libre de sus urgentes y angustiosas obligaciones ni disponer de un ochavo. Dicen con razón cuantos hoy escriben acerca de Balzac, que en ese modo de vivir suyo se contiene la explicación y clave de sus obras.

Propúsose Balzac realizar completo y enciclopédico estudio de las costumbres y sociedad moderna mirada por todos sus aspectos; y declarándose *doctor en ciencias sociales*, quiso crear la *Comedia humana*, resumen típico de nuestra edad, como el poema de Dante lo fué de la Edad Media. Cada novela, un canto. En tan vasta epopeya, todas las clases tuvieron representación y todas las

6

modificaciones políticas su pintura adecuada. Balzac retrató de cuerpo entero al imperio, á la restauración, á la monarquía de Julio; copió del natural, con fidelidad admirable, las fisonomías de la
nobleza legitimista, chapada á la antigua, desde los
heroicos *chuanes* del Este hasta los jactançiosos
hidalgüelos del Mediodía; las de la mesocracia or-
leanista; las de los soldados del imperio, del clero,
de los paisanos; de los diferentes tipos de la *bohemia* literaria, de los periodistas, y, para decirlo de
una vez, lo copió todo, conforme á su gigantesco
plan, con atlético vigor y esfuerzo hercúleo. Zola,
que sabe hablar de Balzac elocuentemente, compara la *Comedia humana* á un monumento construído con materiales distintos: aquí mármol y
alabastro, allí ladrillo, yeso y arena, todo entreve-
rado y confundido por la mano presurosa de un
albañil que á trechos era insigne artista. El edificio,
combatido de la intemperie, á partes se desmorona,
viniéndose al suelo los materiales viles, mientras
las columnatas de granito y jaspe se sostienen er-
guidas y hermosas. No cabe comparación más
exacta.

De todo hay en el colosal monumento erigido
por Balzac; hasta las mismas columnatas de mármol que Zola admira, con ser de preciosa traza y
calidad inestimable, están levantadas aprisa, por
brazos febriles. ¿Cómo no? Atendido el modo de
componer de Balzac, así tuvo que suceder. Cuando
se encerraba en su habitación con una resma de
papel delante, sabía que dentro de quince días, de

una semana, ó quizás menos, le reclamaría el editor la resma manuscrita, y el acreedor se presentaría á recoger el precio quitándoselo de las manos. Considérese el estado moral de Balzac al escribir, y compárese, por ejemplo, al de su sucesor Flaubert, que para componer una novela en un tomo consultaba quinientos, hacía seis de extractos, y tardaba ocho años á veces. Balzac hilvanó en veinte dias *César Birotteau*, una de sus mejores obras, un pórtico de mármol. Sus cuartillas, ininteligibles, losanjeadas de borrones, cruzadas, tachadas, caóticas, las traducían á duras penas en la imprenta. ¡Y Flaubert copiaba diez ó doce veces una página para perfeccionarla! De juro, Balzac no se tomó nunca la molestia de copiar; mandaba el original á las prensas, y en pruebas corregía, variaba párrafos enteros. No le era lícito pararse en menudencias.

¡Qué mucho que sus creaciones sean desiguales! Aunque descontemos aquellas *obras de la juventud* que más parecen de la senectud, y en las cuales se muestra tan inferior, en la misma Comedia humana se hallan libros de valor tan diverso como *Eugenia Grandet* y *Ferragus*, *La Prima Bette* y los *Esplendores y miserias de las cortesanas*. No sólo es patente la diferencia entre novela y novela, sino entre las partes de una misma. De tantas obras magistrales, apénas hay una perfecta que pueda proponerse como modelo digno de imitación; y sin embargo, en casi todas se contienen bellezas extraordinarias.

Así como no era posible que dada su especial manera de crear se consagrase Balzac á purificar y dirigir su copiosa vena y á procurar la perfección, tampoco lo era que procediese como los realistas contemporáneos, tomando todos y cada uno de los elementos de sus obras de la observación de la realidad. No le hubiera llegado para eso solo la vida entera. Dijo acertadamente de él Philarete Chasles que, más que observador, era vidente. Trabajaba al vuelo sirviéndose de la verdad adivinada y deducida, combinándola en sus escritos á la mayor dosis posible, pero no empleándola pura. Si la inspiración traía de la mano á la verdad, mejor que mejor; si no, no era cosa de suspender el comenzado trabajo, ni de renunciar al socorro de la fantasía para entretenerse en verificar datos. En Balzac, sobre la observación está la inspiración de lo real. Su espíritu concentraba en un foco rayos de luz dispersos, sin tomarse el trabajo de contarlos ni de averiguar su procedencia. La intuición desempeña en sus obras papel importantísimo. ¿Dónde había cursado Balzac ciencias sociales? ¿Dónde ganó el birrete de doctor? ¿Cuándo aprendió fisiología, medicina, química, jurisprudencia, historia, heráldica, teología, todas las cosas que supo como cabalmente debe saberlas un artista, sin erudición ni errores? Se ignora.

Si á veces la imaginación le arrastra y dibuja perfiles inverosímiles, en cambio, cuando encuentra el cabo de la realidad, que es casi siempre, tira de él y no pára hasta devanar toda la madeja. La mayor parte de sus caracteres son prodigios de verdad.

Lo que queda impreso en la mente, después de leer á Balzac, no es el asunto de esta novela, ni el dramático desenlace de la otra, sino—don harto más precioso—la figura, el andar, la voz y el modo de proceder de un personaje que vemos y recordamos como si fuese persona viva y la conociésemos y tratásemos.

Suelen censurar el estilo de Balzac sus jueces. Sainte Beuve lo califica de «enervado, veteado, rosado, asiático, más descoyuntado y muelle que el cuerpo de un mimo antiguo.» Si es cierto que le falta la sobriedad y la armonía, que en Balzac no cupo nunca, en cambio el estilo del autor de *Eugenia Grandet* posee lo que no se aprende ni se imita: la vida. Sus frases alientan, su colorido brillante y fastuoso las hace semejantes á rico esmalte oriental. Defectos, tiene todos los que faltan á Beyle: lirismo, hinchazón, hojarasca; pero ¡cuántos primores, cuántos lienzos de Tiziano y de Van Dick, qué interiores, qué retratos de mujer, qué paños y carnes tan jugosamente empastados! Walter Scott, al cual Balzac admiraba y respetaba con extremo, ha sido más difuso, sin ser tan feliz.

X.

FLAUBERT.

Flaubert se diferencia de Balzac como un hombre de un gigante. El autor de la *Comedia humana* hizo épica la realidad; el autor de *Madama Bovary* nos la presenta cómico-dramática. Hay escritores que ven el mundo como reflejado en un espejo convexo, y, por consiguiente, desfigurado. Balzac lo miró con ojos lenticulares, que sin alterar la forma, aumentaban sus proporciones; Flaubert, en cambio, lo vió sin ilusión óptica; y no digo que lo contempló con ojeada serena, porque me parece que la frase se aviene mal con el pesimismo que de modo indirecto, pero eficaz, predican sus obras.

De Flaubert sí que no hay que preguntar dónde y cuándo aprendió lo mucho que sabía. Hijo de un médico afamado, se familiarizó presto con las ciencias naturales, y aunque la desahogada situación de su familia le permitió no abrazar más carrera

que la de las letras, fué estudiante perpetuo y ad-
quirió una cultura algo heterogénea y caprichosa,
pero vastísima. Su amigo Máximo du Camp, que
en un libro reciente, los *Recuerdos literarios*, co-
munica al público tantas y tan interesantes noticias
acerca de Flauber, dice que éste era, por su prodigiosa memoria y lectura inmensa, un diccionario
viviente que se podía hojear con gusto y provecho.
Mostró siempre Flaubert predilección hacia cierto
linaje de estudios que hoy apenas atraen más que
á entendimientos refinados y curiosos: la apologé-
tica cristiana, la historia de la Iglesia, los Santos
Padres, las humanidades. Tan graves ejercicios
intelectuales, unidos á su ardentísimo culto de la
forma y á su sagacidad de implacable observador,
hicieron de él un artista consumado; un clásico
moderno.

Flaubert escribió menos libros y pocas más novelas que Stendhal. Su primer obra—aparte de un
ensayo titulado *Noviembre,* que no llegó á hacer
gemir las prensas—es *La tentación de San Antonio,*
especie de *auto sacramental* semejante al *Ashavero*
de Edgar Quinet. El Santo ve desfilar ante sus
deslumbrados ojos todas las seducciones de la carne
y del espíritu, todos los lazos que el demonio puede
tender á los sentidos, al corazón y á la mente; y
pasan turbándole con sus palabras ó con su aspecto, desde la Reina de Saba hasta la Esfinge y la
Quimera, y desde la diosa Diana hasta los herejes
nicolaitas. Cuando Flaubert leyó á sus amigos el
manuscrito, prueba evidente de su peregrina eru-

dición, éstos, mirándolo desde el punto de vista literario, emitieron el siguiente dictamen: «Has trazado un ángulo cuyas líneas divergentes se pierden en el espacio; has convertido la gota de agua en torrente, el torrente en río, el río en lago, el lago en océano y el océano en diluvio; te anegas, anegas á tus personajes, anegas el asunto, anegas al lector y se anega la obra.» Y viendo que el fallo le consternaba, aconsejáronle que emprendiese otro trabajo, un libro donde pintase la vida real, y donde la misma vulgaridad del asunto le impidiese caer en el abuso del lirismo, defecto heredado de la escuela romántica. Flaubert tomó el consejo y produjo *Madama Bovary*. Andando el tiempo, solía decir á sus consejeros: «Me habéis operado el cáncer lírico: mucho me dolió, pero era hora de extirparlo.»

Gran salto hubo de dar Flaubert desde *La tentación* hasta *Madama Bovary*. En *La tentación* se revelaban sus variados y selectos conocimientos, su asidua lectura de teólogos, místicos y filósofos: en *Madama Bovary* se mudó la decoración: no estamos en los desiertos de Oriente, sino en *Yonville*, poblachón atrasado y miserable; no presenciamos la gigantesca lucha del Santo asceta con las potestades del infierno, sino las vicisitudes de la familia de un medicucho de aldea. Todo es vulgar en *Madama Bovary*: el asunto, el lugar de la escena, los personajes; solo el talento del autor es extraordinario.

Emma Bovary nació en las últimas filas de la

clase media; pero en el elegante colegio donde fué educada, se rozó con señoritas ricas é ilustres, y empezaron á depositarse en ella los gérmenes de la vanidad, concupiscencia y sed de goces, graves enfermedades de nuestro siglo. Poco á poco se van desarrollando estos gérmenes, y depravan el alma de la joven, esposa ya, y madre de familia. Sentimentales amoríos, hábitos de lujo incompatibles con su modesta posición de mujer de un médico rural, trampas y desórdenes crecientes, complican de tal modo su situación, que cuando los acreedores la apremian se envenena con arsénico. Este es el sencillo y terrible drama,—tomado de un hecho cierto,—que inmortalizó á Flaubert.

El argumento de *Madama Bovary*—que ha sido tan censurado y ha producido tal escándalo—fué sugerido á Flaubert, según declara Máximo du Camp, por la casualidad que le trajo á la memoria el recuerdo de una mujer desdichada que vivió y murió como su heroína. De la alta trascendencia social de obras como *Madama Bovary* y de su sentido moral hablaré más adelante, cuando toque la delicada cuestión de la moralidad en el arte literario; ahora me limito á hacer constar que Flaubert aceptó el primer dato que se le ofrecía y que le sería indiferente aprovecharse de otro cualquiera. Historias como la de Mad. Bovary no faltan; pero hasta Flaubert nadie las había referido. El mismo Balzac, que comprendió bien el poder del dinero en nuestra sociedad, no llegó á manifestar con tanta energía como Flaubert la metalización que sufrimos. Un escritor menos analítico poetizaría á madama Bovary, haciéndola morir abrumada bajo el peso de sus desengaños amorosos ó de sus remordimientos devoradores, y no de sus vulgares deudas. Las páginas en que Mad. Bovary, frenética y desalada, implora en vano de sus amantes la suma necesaria para aplacar á sus acreedores, son el estudio más cruel, pero más sincero y magnífico, que se habrá escrito sobre la dureza de los tiempos presentes y el poder del oro.

No es sólo admirable en la obra maestra de Flaubert el vigor y la verdad de los caracteres; hay que considerarla también modelo de perfección literaria. El estilo es como lago transparente en cuyo fondo se ve un lecho de áurea y fina arena, ó como lápida de jaspe pulimentado donde no es posible hallar ni leves desigualdades. Jamás decae, jamás se hincha; ni le falta ni le sobra requisito alguno; no hay neologismos, ni arcaísmos, ni giros rebuscados, ni frases galanas y artificiosas; menos aún desaliño, ó esa vaguedad en las expresiones que suelen llamarse fluidez. Es un estilo cabal, conciso sin pobreza, correcto sin frialdad, intachable sin purismo, irónico y natural á un tiempo, y en suma, trabajado con tal valentía y limpieza, que será clásico en breve, si no lo es ya. Las descripciones en *Madama Bovary* realizan el ideal del género. No comete Flaubert, aunque describe mucho, el pecado de pintar por pintar; si estudia lo que hoy se llama el *medio ambiente*, no lo hace por satisfacer un capricho de artista, ó por lucirse hablando de cosas que conoce bien, sino porque importa al asunto ó á los caracteres: y posee tino tan especial, que sólo describe lo más saliente, lo más característico, y eso en pocas palabras, sin abusar del adjetivo, con dos ó tres pinceladas maestras. Así es que en *Madama Bovary*, á pesar de la escrupulosa conciencia realista del autor, cada cosa está en su lugar, y siempre lo principal es principal, lo accesorio accesorio. La habilidad de Flaubert se patentiza así en lo que dice como en lo que omite: por donde es superior á Balzac, que usa tanto adorno superfluo.

Flaubert desconoció enteramente el valor de *Madama Bovary*; es más, le irritó su éxito. Le sacaba de quicio que el público y los críticos la prefiriesen á sus demás obras, y para verle furioso no había sino aconsejarle que escribiera otra cosa por el estilo. «¡Que me dejen en paz con Madama Bovary!» solía exclamar. Durante los últimos años de su vida, quiso retirar de la circulación el libro, no permitiendo nuevas ediciones, y si no lo verificó, fué porque necesitaba dinero. No sólo desdeñaba á *Madama Bovary*, considerándola inferior, por ejemplo, á *La tentación*, sino que declaraba menospreciar el género á que pertenece, ó sea el estudio analítico de la realidad en caractéres y costumbres, estimando únicamente el primor del estilo, la belleza de la frase, y asegurando que sólo con ella se ganaba la inmortalidad, que Homero era tan moderno como Balzac, y que él daría á *Madama Bovary* entera por un párrafo de Chateaubriand ó

Víctor Hugo. Porque es de advertir que para Flaubert, entusiasta discípulo de la escuela romántica,
ferviente admirador de Hugo, Dumas y Chateaubriand, la perfeción del estilo no era aquella admirable sobriedad y nitidez que él alcanzaba, sino los
oropeles líricos, la prosa poética y florida. Caso de
ceguera literaria muy semejante á la que impulsó
á Cervantes á preferir de sus obras el *Persiles*.

Después de *Madama Bovary*, *Salambó* es lo
mejor de Flaubert. Con la misma escrupulosidad
que estudió las miserias de un lugarcillo en tiempo
de Luis Felipe, reconstruyó Flaubert el mundo re-
moto, la misteriosa civilización púnica. Nos tras-
porta á Cartago, entre los contemporáneos de
Amílcar, durante la sublevación de las tropas mer-
cenarias que la república africana tenía á sueldo
para auxiliarla contra Roma; y la heroína de la
novela es la virgen Salambó, sacerdotisa de la
Luna. Parece á primera vista que tales elementos
compondrán un libro enfadoso, erudito quizás,
pero no atractivo; algo semejante á las novelas
arqueológicas que escribe el alemán Ebers. Pues
nada de eso. Aunque el autor de *Salambó* nos con-
duzca á Cartago y á las cordilleras líbicas, al templo de Tanit y al pie del monstruoso ídolo de
Moloch, *Salambó* es en su género un estudio tan
realista como *Madama Bovary*.

Prescindamos de la infatigable erudición que
desplegó Flaubert para pintar la ciudad africana,
de su viaje á las costas cartaginesas, de su esmero
en revolver autores griegos y latinos; también lo

hace Ebers, y mejor y más sólidamente, pero no por eso son menos soporíferas sus novelas. Lo que importa en obras como *Salambó*, no es que los pormenores científicos sean incuestionablemente exactos, sino que la reconstrucción de la época, costumbres, personajes, sociedad y naturaleza no parezca artificiosa, y que el autor, siendo sabio, se muestre artista; que en todo haya vida y unidad, y que ese mundo exhumado de entre el polvo de los siglos se nos figure real, aunque extraño y distinto del nuestro; que nos produzca la misma impresión de verdad que causa el escrito jeroglífico al descifrarlo un egiptólogo, ó el fósil al completarlo un eminente naturalista, y que si no podemos decir con certeza absoluta «así era Cartago,» pensemos al menos que Cartago *pudo* ser así.

Con *Salambó* se acabaron los triunfos de Flauber. La *Educación sentimental*, novela en la cual puso sus cinco sentidos y cifró grandes esperanzas, hizo un *fiasco* tan completo, que Flaubert, en sus acostumbrados arrebatos de cólera, solía preguntar á sus amigos apretando los puños: «¿Pero me podrán ustedes decir por qué no gustó aquel libraco?» La causa de que el *libraco* no gustase merece referirse. Según el ya citado Máximo du Camp, en la vida de Flaubert se reconocen dos períodos: durante el primero, los años juveniles, Flaubert era de despejado ingenio y fecunda inventiva; aprendía sin esfuerzo y trabajaba fácilmente; de pronto le hirió una horrible enfermedad, mal misterioso que Paracelso llama el terremoto humano, y no sólo su

cuerpo atlético, sino también su inteligencia lozana, quedaron como estremecidos en su misma raíz,
doblegados y en cierto modo paralizados. Dos extraños síntomas paralelos se notaron en el enfermo:
aborreció el andar, en términos que hasta le hacía
daño ver pasearse á los demás, y para el trabajo
literario se hizo tan premioso y difícil, que copiaba
veinte veces una página, la enmendaba, la cruzaba,
la raspaba, y de tal suerte se encarnizaba en la labor, que si un mes lograba producir veinte páginas
definitivas, decía hallarse rendido y muerto de cansancio. Después de terminar una cuartilla gimien-
do, suspirando y bañado en sudor, levantábase de
su escritorio é iba á tumbarse en un sofá, donde se
quedaba exánime.

Esta lentitud y enorme esfuerzo que le costaba
cada una de sus obras, tardando eternidades en
concluirlas (La tentación la limó, varió y retocó
por espacio de veinte años), provenía del afán de
conseguir absoluta corrección de estilo y completa
exactitud en hechos y observaciones. Hubo un
momento en que alcanzó ambas cosas sin exage-
rarlas y sin perjuicio de la creación artística, y fué
cuando produjo Salambó y Madama Bovary; pero
después rompióse el equilibrio, y empezó á abusar
del procedimiento, hasta el extremo de pasarse
horas enteras cazando una repetición de vocales ó
una cacofonía y meditando en si una coma estaba
ó no en su sitio, y de leerse treinta volúmenes sobre agricultura para escribir diez líneas con conocimiento de causa. De esta prolijidad resultó el

fracaso de la *Educación sentimental*, y sobre todo el de *Bouvard y Pecuchet*, su obra póstuma, donde la novela se convierte en monótona sátira social, pesado catálogo de lugares comunes é ideas corrientes, y donde una misma situación prolongada durante toda la obra y el lenguaje seco y esqueletado á fuerza de querer ser puro y sencillo, cansan al lector más animoso.

Ya se deba á enfermedad ó á condición especial de su ingenio, merece notarse la decadencia de Flaubert, porque es caso poco frecuente el que un escritor decaiga y se esterilice por excesivo anhelo de exactitud y perfección, siendo así que la mayor parte tan pronto cogen buena fama, se echan á dormir. Flaubert, al contrario, llamaba *distraerse* á escribir cuentos como el *Corazón sencillo*, que representan seis meses de asiduo trabajo: á fuerza de afilar la punta del lápiz, Flaubert la quebró.

El fondo de las obras de Flaubert es pesimista, no porque él predique ni esas ni otras doctrinas, pues escritor más impersonal y reservado no se ha visto nunca, sino porque su implacable observación descubre á cada instante la flaqueza y nulidad de los propósitos é intentos humanos: ya nos muestre á Madama Bovary soñando amores poéticos y cayendo en prosaicas torpezas, ya á Salambó espirando horrorizada de su bárbaro triunfo, ya á Bouvard y Pecuchet estudiando ciencias y tragando libros para quedarse más sandios de lo que eran, no tiene Flaubert rincón donde puedan albergarse ilusiones consoladoras. Escarneció sobre todo la sociedad moderna, lo que se suele llamar ilustración, progreso, adelantos, industria y libertades. Este es un aspecto de Flaubert que no dejaron de imitar Zola y sus secuaces, sólo que Flaubert no obedecía á un sistema; hacíalo por instinto. En el trato con sus amigos, Flaubert se mostraba, al contrario, entusiasta y exaltado, y apasionábase fácilmente.

XI.

LOS HERMANOS GONCOURT.

Llegando á hablar de los hermanos Goncourt me ocurren dos ideas: la primera, que temo elogiarlos más de lo justo, porque me inspiran gran simpatía, y son mis autores predilectos, y así prefiero declarar desde ahora cuánta afición les tengo, confesando ingenuamente que hasta sus defectos me cautivan. «La muchedumbre—dice Zola—no se prosternará jamás ante los Goncourt; pero tendrán su altar propio, riquísimo, bizantino, dorado y con curiosas pinturas, donde irán á rezar los sibaritas.»—Soy devota de ese altar, sin pretender erigir en ley mi gusto, que procede quizás de mi temperamento de colorista.—La segunda idea que me asalta es maravillarme de que haya quien califique á los realistas de meros *fotógrafos*, militando en sus filas los dos escritores modernos que con mayor justicia pueden preciarse de *pintores*.

En España apenas son conocidos los Goncourt. Llámase el uno Edmundo, el otro se llamó Julio; trabajaron en íntima colaboración produciendo novelas y obras históricas, hasta que Julio, el menor, bajó á la tumba. Tan unidos vivieron, fundiendo sus estilos é ingenios, que el público los creía un solo escritor. Edmundo, el vivo, en su bellísima novela *Los hermanos Zemganno*, simbolizó esta estrecha fraternidad intelectual en la historia de dos hermanos gimnastas que juntos ejecutan en el circo arriesgadísimos ejercicios y mancomunan su fuerza y destreza, llegando á ser un alma en dos cuerpos, y cuando el menor se quiebra ambas piernas en una caida, *Gianni*, el mayor, renuncia á trabajos que no puede compartir ya con su amado *Nello*. Dejaré al mismo Edmundo de Goncourt explicar el cariño que los enlazaba. «No solamente se querían los dos hermanos, sino que se sentían ligados entre sí por lazos misteriosos, por ataduras psíquicas, por átomos adhesivos y naturalmente gemelos—aun cuando la edad de ambos era diversa, y diametralmente opuestos sus caracteres.—Pero sus primeros movimientos instintivos eran exactamente idénticos... No sólo los individuos, sino los objetos inanimados, que sin razón fundada atraen ó repelen, les producían igual efecto. Y por último, las ideas, esas creaciones del cerebro que nacen no se sabe cuándo ni por qué y brotan sin saber cómo; las ideas, en que ni los mismos enamorados coinciden, eran comunes y simultáneas en los dos hermanos... Y su trabajo se confundía de tal modo, y de tal manera se mezclaban sus ejercicios, y lo que hacían era tan de ambos, que nadie elogiaba á ninguno de ellos en particular, sino á la sociedad... Habían llegado á tener para dos un solo amor propio, una sola vanidad y un solo orgullo.»

Mucho tiempo trascurrió sin que los Goncourt lograsen, no diré el aplauso, pero ni aun la atención del público. Alguna de sus novelas fué acogida con tanta indiferencia, que el disgusto del mal suceso aceleró la muerte de Julio. Ahora sí que, gracias al estrépito que mueve el naturalismo, comienzan á ser muy leídas las novelas de los Goncourt, y Edmundo, que al faltarle su hermano quedó desanimado y abatido y quiso colgar la péñola, vuelve á trabajar, y pasa por el tercer novelista vivo de Francia, no faltando quien le antepone á Daudet.

Goncourt fué el primero que llamó *documentos humanos* á los hechos que el novelista observa y acopia para fundar en ellos sus creaciones. Pero los que imaginan que todo realista ó naturalista está cortado por el patrón de Zola, se admirarían si entendiesen la originalidad de Goncourt. Ni se parece á Balzac ni á Flaubert; y aunque discípulo de Diderot, no toma de él sino el colorido y el arte de expresar sensaciones. Stendhal estudiaba el mecanismo psicológico y el proceso de las ideas, y los Goncourt, alumnos del mismo maestro, sobresalen en copiar con vivos toques la realidad sensible. Son, ante todo (inventemos, á ejemplo suyo, una palabra nueva), *sensacionistas*. No poseen la lucidez de Flaubert, ni su estilo perfecto, ni su impersonalidad poderosa: al contrario, si toman por materia primera lo real, es para vaciarlo en el molde de su individualidad, ó como diría Zola, para mostrarlo al través de su temperamento.

En dos cosas descollaron los Goncourt: en conocer el arte y costumbres del siglo xviii y manifestar los elementos estéticos del xix. Estudiaron la centuria décimoctava con fogosidad de artistas y paciencia de eruditos, comunicando al público el resultado de sus investigaciones en muchos y muy notables libros histórico-biográficos é histórico-anecdóticos; coleccionaron estampas, muebles, libros y folletos, todo lo concerniente á aquella época, no por reciente menos interesante; y de la actual mostraron en sus novelas multitud de aspectos poéticos en que nadie reparaba. Lejos de inventariar, como Flaubert, las miserias y ridiculeces de la sociedad moderna, ó de limitarse por sistema, como Champfleury, á descubrir tipos y escenas vulgares, los Goncourt descubrieron en la vida contemporánea cierto ideal de hermosura que exclusivamente le pertenece y no pueden disputarle otras edades y tiempos. Por boca de uno de sus personajes dicen los Goncourt: «Todo está en lo moderno. La sensación é intuición de lo contemporáneo, del espectáculo con que tropezamos á la vuelta de la esquina, del momento presente donde laten nuestras pasiones y como una parte de nosotros mismos, es todo para el artista.» Y fieles á esta teoría, los Goncourt extraen de la vida actual lo artístico, como del oscuro carbón hace el químico surgir la deslumbradora luz eléctrica.

Esta simpatía por la vida moderna puede tomar forma harto trillada y convertirse en admiración hacia los adelantos y mejoras científico-industriales de nuestro siglo: en los Goncourt la tomó más nueva y desusada, enteramente artística. Su ideal fué el de la generación presente, que no se limita á admirar una sola forma del arte, sino que las comprende y disfruta todas con refinado eclecticismo, prefiriendo quizás las extrañas á las hermosas, como les sucedía á los Goncourt. Un párrafo de Teófilo Gautier sobre el poeta Carlos Baudelaire define muy bien este modo de sentir el arte, y es aplicable á los Goncourt: «Gustábale... lo que impropiamente se llama estilo decadente, y no es sino el arte llegado á esa madurez extremada que produce el oblicuo sol de las civilizaciones vetustas: estilo ingenioso, complicado, hábil, lleno de matices y tentativas, que ensancha los límites del idioma, pone á contribución todo vocabulario técnico, pide colores á toda paleta, notas á todo teclado, y se esfuerza en traducir los pensamientos más inefables, las formas y contornos más vagos y fugitivos... Tal es el idioma fatal y necesario de los pueblos en que la vida facticia sustituye á la natural, desarrollando en el hombre necesidades desconocidas. Y no es fácil de manejar este estilo que los pedantes desdeñan, porque expresa ideas nuevas con nuevos giros y palabras nunca escuchadas.»

¡Si es fácil ó no, sólo lo sabe quien lucha con el indómito verbo para domarlo! Edmundo de Goncourt cree que su hermano Julio enfermó y murió de las heridas que recibió batallando con la frase rebelde, á la cual pedía lo que ningún escritor le pidiera jamás: que sobrepujase á la paleta. Antes de escribir, se habían dedicado los Goncourt á la pintura al óleo y grabado al agua fuerte, y rodeádose de primorosos *bibelots*, juguetes asiáticos, ricas armas, paños de seda japonesa bordados á realce, porcelanas curiosas. Solteros y dueños de sí, se entregaron libremente á su pasión de artistas, y al cultivar las letras quisieron expresar aquella hermosura del colorido que les cautivaba y aquella complejidad de sensaciones delicadas, agudas, en cierto modo paroxísmicas, que les producían la luz, los objetos, las formas, merced á la sutileza de sus sentidos y á la finura de su inteligencia. En vez de salir del paso exclamando (como suelen los escritores chirles) «no hallo palabras con que describir esto, aquello ó lo de más allá,» los Goncourt se propusieron *hallar palabras* siempre, aunque tuviesen que inventarlas.

Para comunicar al lector las impresiones de sus afinadísimos sentidos, los Goncourt amplían, enriquecen y dislocan el idioma francés. Indignados de la pobreza y deficiencia del habla al compararla con la abundancia y riquísima variedad de las sensaciones, le perdieron el respeto á la lengua, y fueron los más osados neologistas del mundo, sin reparar tampoco en tomarse otras licencias, pues no bastándoles la novedad de las palabras acudieron á colocarlas de un modo inusitado, siempre que así expresasen lo que el autor deseaba. Y no se limitaron á pintar lo exterior de las cosas y la sensación que produce su aspecto, sino las sugestiones de tristeza, júbilo ó meditación que en ellas encuentra el ánimo: de suerte que no sólo dominaron el colorido como Teófilo Gautier, sino el claro oscuro, la cantidad de luz ó de sombra, que tanto influye en nuestro espíritu.

Los Goncourt se valen de todos los medios imaginables para lograr sus fines: repiten una misma palabra con objeto de que la excitación reiterada acreciente la intensidad de la sensación; emplean dos ó tres sinónimos para nombrar un objeto; cometen tautologías y pleonasmos; inventan vocablos; sustantivan los adjetivos; incurren á cada paso en defectos que horrorizarían á Flaubert. A veces tales osadías dan resultados felicísimos, y un giro ó una frase salta á los ojos del lector grabando en su retina y trasmitiendo á su cerebro la viva imagen que el artista quiso mostrarle patente. Los procedimientos de los Goncourt, levemente atenuados, los adoptó Zola en sus mejores descripciones; Daudet á su vez tomó de ellos las exquisitas miniaturas que adornan alguna de sus páginas más selectas, y todo escritor colorista habrá de inspirarse, de hoy más, en la lectura de los dos hermanos.

¡Cuán bella y deleitable cosa es el color! Sin asentir á la doctrina de aquel sabio alemán que pretende que en tiempo de Homero los hombres veían muchos menos colores que hoy, y que este sentido se afina y enriquece á cada paso, no dejo de creer que el culto de la línea es anterior al del colorido, como la escultura á la pintura; y pienso que las letras, á medida que avanzan, expresan el color con más brío y fuerza y detallan mejor sus matices y delicadísimas transiciones, y que el estudio del color va complicándose lo mismo que se complicó el de la música desde los maestros italianos acá. En una *Revista* científica he leído no ha muchos días que existen sujetos que experimentan una sensación luminosa al escuchar un sonido, sensación luminosa y cromática que es siempre la misma cuando el sonido es igual, y varía cuando éste cambia. De modo que un sonido puede excitar la retina al par que el tímpano, y para el individuo dotado de tan singular propiedad, cada tono de sonido corresponde exactamente á un tono de color. A obtener resultados análogos se endereza el método de los Goncourt: escriben de suerte que las palabras produzcan vivas sensaciones cromáticas, y en eso consiste su indiscutible originalidad. Aunque la traducción forzosamente ha de deslucir el esmalte policromo de tan caprichoso estilo, trasladaré aquí un párrafo de la novela *Manette Salomon*, donde los Goncourt describen las exageraciones de un colorista, pero más bien parece que declaran su propio empeño de vencer al pincel con la pluma.

«Buscaba incesantemente el pintor medios de animar su paleta, de calentar los tonos, de abrillantarlos. Parado ante los escaparates de mineralogía, con propósito de despojar á la naturaleza apoderándose de las luces multicolores de las petrificaciones y cristalizaciones relampagueantes, se embelesaba con los azules de azurita de un azul de esmalte chino; con los lánguidos azules de los cobres oxidados; con el celeste de la lazulita que pasa del azul real al azul marino. Seguía toda la escala del rojo, desde los mercurios sulfurados, acarminados y sangrientos, hasta el negro rojizo de la hematites, y soñaba con el *amalito,* color perdido del siglo xvi, entonación cardenalicia, verdadera púrpura romana... De los minerales se trasladaba á las conchas, á las coloraciones madres de la suavidad é idealidad del tono, á todas las variedades del rosa en una fundición de porcelana, desde la púrpura sombría hasta el rosa desmayado y el nácar donde el prisma se baña en leche. Averiguaba todas las irisaciones y opalizaciones del arco iris... En su pupila recogía el azul del zafiro, la sangre del rubí, el oriente de la perla, las aguas del diamante. Creía el pintor que para pintar necesitaba ya de cuanto brilla y arde en mar, tierra y cielo.»

Esto mismo creen los Goncourt, y de ahí nacen las excepcionales condiciones—no me atrevo á decir cualidades, aunque tengo para mí que lo son—de su estilo. Me apresuro á añadir que los Goncourt no valen únicamente por eximios maestros del colorido y singulares intérpretes de la sensación, pues demostrado tienen también ser grandes observadores que saben estudiar caracteres. Es verdad que no proceden como Balzac, ni como Zola, quienes crearon personajes lógicos que obran conforme á los antecedentes sentados por el novelista, y van por donde los lleva la fatalidad de su complexión y la tiranía de las circunstancias. Los personajes de los Goncourt no son tan automáticos; parecen más caprichosos, más inexplicables para el lector; proceden con independencia relativa, y sin embargo, no se nos figuran maniquíes ni seres fantásticos y soñados, sino personas de carne y hueso, semejantes á muchos individuos que á cada paso encontramos en la vida real, y cuya conducta no podemos predecir con certeza, aun conociéndolos á fondo y sabiendo de antemano los móviles que en ellos pueden influir. La contradicción, irregularidad é inconsecuencia, el enigma que existe en el hombre, lo manifiestan los Goncourt mejor quizás que sus ilustres émulos.

Hay dos grupos de novelas que llevan el nombre de Goncourt al frente: uno es obra de los hermanos reunidos, otro de Edmundo solo; pero el método es igual en ambos. Nadie aplicó más radicalmente que los Goncourt el principio recientemente descubierto de que en la novela es lo de ménos argumento y acción, y la suma de verdad artística lo importante. En algunas de sus novelas, como *Sor Filomena* y *Renée Mauperin*, todavía hay un drama, muy sencillo, pero drama al cabo: en *Manette Salomon*, *Carlos Demailly*, *Germinia Lacerteux*, apenas se encuentra más que la serie de los sucesos,

incoherente al parecer, y lánguida á veces, como
acontece en la vida: en *Madame Gervaisais* todavía
es menor, ó más delicado si se quiere, el interés de
la narración; no existen acontecimientos, y el drama íntimo y hondo de la conversión de una libre-
pensadora al catolicismo se representa en el alma
de la protagonista. Esta novela sorprendente no
sólo carece de asunto en el sentido usual de la frase,
sino también de diálogo.

Poseen los Goncourt un fuertísimo microscopio,
y lo emplean no tanto en registrar el alma humana
y visitar los repliegues del cerebro, cuanto en
observar en todos los objetos detalles menudos,
exquisitos y curiosos, hilos delgadísimos que tejen
la realidad. Para otros autores, la vida es tela gro-
sera; para los Goncourt, encaje primoroso cuajado
de cenefas, flores y estrellitas delicadísimas que
bordó diestra mano. Parece que bajo el cristal de
su microscopio—como bajo el de los sagaces naturalistas que descubrieron el mundo de los infuso-
rios y las regiones micrográficas—la creación se
dilata, se multiplica y se ahonda.

Las novelas más celebradas de los Goncourt son
Germinia Lacerteux y *La Fille Elisa*. El éxito de
ellas se debe quizás á la curiosidad y gusto depra-
vado del público, que suele preferir ciertos asuntos
y buscar en la novela la satisfacción de ciertos
apetitos. Para mí las obras mejores de los Goncourt
son el hermoso poema de amor fraternal titulado
Los hermanos Zemganno, donde la poesía se cobija
tras la verdad—como la perla en la valva del feo

molusco; y sobre todo, la admirable *Manette Sa-lomon*, donde los egregios escritores encontraron aquello que tanto aprecia el artista, la conformidad del ingenio con el asunto.

XII.

DAUDET.

Alfonso Daudet nació en el mediodía de Francia, país de literatura amena y clima benigno, semejante por esto á nuestra Andalucía. La templada atmósfera, el claro sol y la vegetación floribunda de las zonas meridionales parecen reflejarse en el carácter de Alfonso Daudet, en su chispeante fantasía y feliz complexión literaria. Su hermano Ernesto, en el libro titulado *Mi hermano y yo*, descubre la precocidad del talento de Alfonso, y afirma que su primer novela, escrita á los quince años de edad, sería digna de figurar en la colección de sus obras actuales, observando también que la crítica no ha podido encontrar inferioridad relativa entre los distintos libros que publicó, ni elegir y señalar una obra suya superior á las restantes, cosa que hizo con Goncourt, Flaubert y Zola.

Azarosos fueron los prodromos de la historia

literaria de Alfonso Daudet. Luchó de un modo heroico contra la estrechez en que poco á poco se vió envuelta su familia—estrechez que llegó á rayar en pobreza; entró de inspector en un colegio, acogióse después á la prensa, y desde su asilo comenzó á trabajar modesta y valerosamente para formarse una reputación. Su primer libro fué un tomo de versos, *Las enamoradas*, por el cual la crítica le dijo, con hiperbólico encarecimiento, que había recogido la pluma del difunto Alfredo de Musset; luego se dedicó á la prosa, empezando por componer cuentecillos breves, estudios ligeros sobre cualquier tema, descripciones de lugares y tipos de su país, y de estas acuarelas fué pasando á cuadros de caballete, ó sean novelas de costumbres, hasta que por último se atrevió á cubrir de color vastos lienzos, grandes novelas sociales: grandes digo, no por las dimensiones, sino por la profundidad de observación que encierran.

No falta quien excluya á Alfonso Daudet de la escuela realista y naturalista, fundándose en ciertas dotes poéticas de su ingenio. Yo pienso que entre los realistas debemos clasificar sin género de duda al autor de *Numa Roumestan*. En efecto, los procedimientos de Alfonso Daudet, su método para componer é idear, son del todo realistas. Antes de acostarse, apunta minuciosamente los sucesos y particularidades que notó durante el día (á imitación de Dickens, con el cual tiene muchos puntos de contacto), y bien se puede asegurar que no hay pormenor, carácter ni acontecimiento en sus novelas que no esté sacado de esos cuadernos ó del rico tesoro de su memoria. Zola dice acertadamente que Daudet carece de imaginación en el sentido que solemos dar á este vocablo, pues nada inventa: solamente escoge, combina, dispone los materiales que de la realidad tomó. Su personalidad literaria, lo que Zola llama *temperamento*, interviene después y funde el metal de la realidad en su propia turquesa. ¡Notable engaño el de los que creen que por ajustarse al método realista abdica un autor su libre facultad creadora, y lo afirman con tono doctoral, lo mismo que si formulasen irrecusable axioma de estética!

Daudet ve las cosas á su modo y las estudia, no con la severa impersonalidad de un Flaubert, no con la intensa emoción artística de los Goncourt, no con la lucidez de visionario de un Balzac, sino con sensibilidad ingenua, con esa velada y suave y honda ironía que conocen bien los asiduos lectores de Dickens. No es frío analizador, no es el médico refiriendo con glacial indiferencia los síntomas de una enfermedad, ni tampoco el artista que busca ante todo la perfección; es el narrador apasionado, que simpatiza con unos héroes y se indigna contra otros, cuya voz tiembla á veces, cuyos ojos anubla furtiva lágrima.

Sin hablar incesantemente de sí propio, sin cortar el relato para dirigir al que lee reflexiones y advertencias, Daudet sabe no ausentarse jamás de sus libros; su presencia los anima. Una de sus novelas, *Le Petit Chose*, está tejida con sucesos de

la infancia y adolescencia del autor, y sus personajes son individuos de la familia Daudet; pero
aun cuando no concurra en ellas esta misma circunstancia, todas las obras de Daudet conmueven,
porque sabe practicar el *si vis me flere...* del modo
discreto que lo consiente el arte contemporáneo:
no por medio de exclamaciones y apóstrofes, sino
con cierto calor en el estilo, con inflexiones gramaticales muy tiernas, muy penetrantes, que llegan al alma. Conocemos, aunque el autor no se
tome el trabajo de advertírnoslo, que profesa afición
á este ó aquel personaje; escuchamos la risa melo-
diosa y sonora con que se burla de los pícaros y de
los necios; mas todo esto lo distinguimos al trasluz,
y gozamos del placer de adivinarlo. Mientras Stendhal cansa, como cansaría una demostración matemática, y los Goncourt excitan los nervios y des-
lumbran la pupila, y Flaubert abruma y causa
esplín y misantropía, Daudet consuela, refresca y
divierte el espíritu, sin echar mano de embustes y
patrañas como los idealistas, con solo la magia de
su amorosa condición y simpático carácter. Aquella nota festiva, ligera á veces, que en la vida no
falta y sí en las novelas de Zola, la posee el teclado
de Daudet. Es su talento de índole femenina, no
por lo endeble, sino por lo gracioso y atractivo.

Su estilo parece labrado sin violencia ni esfuerzo,
con grato abandono, aunque sin descuido. Y no
obstante, si Julio de Goncourt murió extenuado y
hasta loco de puro adelgazar la frase para impri-
mirle intensa vibración nerviosa; si Flaubert su-

daba y gemía al limar sus páginas como el leñador á cada golpe que descarga sobre el árbol; si Zola llora de rabia y se trata de idiota al releer lo que escribe, y otra vez lo pone en el yunque y vuelve á martillarlo hasta darle la apetecida forma, Ernesto Daudet asegura que al redactar alguna página suelta, armoniosa, donde la frase fluye majestuosamente á modo de río que rueda arenas de oro, su hermano, exigente consigo mismo, lidia, sufre y palidece, quedando enfermo de cansancio para muchos días. ¡Esta es la *difícil facilidad* por tantos deseada y obtenida por tan pocos!

No atesora Alfonso Daudet la portentosa cultura especial de los Goncourt, ni menos la vasta erudición de Flaubert. Sabe lo que necesita saber, ni más ni menos; el resto se lo figura, y en paz. Ni alardea de filósofo, ni se precia con exceso de estilista y gramático, ni sería capaz de sujetarse á los severos estudios que pide una obra como *Salambó*, por ejemplo. Sus viajes de exploración los hace al través del mundo social, recorriendo á París en todas direcciones, escudriñándolo todo con sus ojos míopes que concentran la luz, y observando cuantas variadas y curiosas escenas se desarrollan en la vida de la gran capital, donde ni faltan comedias, ni escasean dramas, ni deja á veces la tragedia de surgir, puñal en mano, sobre la trama, vulgar en apariencia, de los sucesos.

Ofrece Alfonso Daudet un fenómeno revelador de su naturaleza de artista: gústale, sobre todo, estudiar los tipos raros y originales, las costumbres

8

extrañas y pintorescas que un momento se dibujan,
como muecas rápidas, en la fisonomía mudable y
cosmopolita de París. Prefiere estas contracciones
pasajeras al aspecto normal, y goza en fotografiar
instantáneamente—y estereotiparlas después—esas
existencias de murciélago, entre luz y sombra,
esos tipos sospechosos que se llamaron un tiempo
la bohemia; aventureros de la ciencia, de la banca,
del arte; figuras heteróclitas, que hunden los pies
en el fango y levantan á los cielos del lujo y de la
celebridad su frente; gentes de quienes hablan hoy
todos los periódicos y mañana se enterrarán quizás
en la fosa común. En alguna de las novelas de
Daudet, el *Nababo* por ejemplo, casi todos los personajes son de esta ralea: el médico norte-ameri-
cano Jenkins, mezcla de Locusta y Celestina; Feli-
cia Ruys, mitad artista excelsa y mitad cortesana;
el nababo Jansoulet, la ex-odalisca su mujer, todos
son personajes extraordinarios, hongos que brotan
en la podredumbre de una sociedad vieja, de una
capital babilónica, y cuya forma singular y ponzo-
ñosos colores atraen la mirada y la cautivan más
que la belleza de las rosas.

Fué el *Nababo* la primer novela de Daudet que
ganó á su autor celebridad inmensa: y la causa de
su éxito—triste es decirlo—se debió en gran parte
á que la novela estaba salpicada de *indiscreciones*,
ó sea de noticias anecdóticas referentes á cierto
período del segundo imperio, y á elevados personajes que en él figuraron. Triste es decirlo, repito,
porque el hecho atestigua que el público es inca-

paz de interesarse por la literatura sola y sin adi-
tamentos, y que si un autor se hace célebre de
golpe y vende edición tras edición de un libro, es
que supo espolvorearlo con la sal y pimienta de la
crónica escandalosa. Cuando se dijo que el *Nababo*
tenía clave; cuando se supo que Alfonso Daudet,
comensal y protegido del Duque de Morny, lo
exhibía en los mínimos detalles de su vida privada,
hubo quien se escandalizó tratando al autor de
desagradecido y vil; yo me escandalizo más aún de
las gentes que por esa ingratitud y esa vileza, y
no por el resplandor de su hermosura, conocieron
entonces el ingenio de Daudet.

Alegó Alfonso Daudet, para lavarse de la mancha
de ingrato, que él no había desfigurado ni afeado
el perfil del Duque de Morny ni de ninguna de las
personas que retrataba; que la opinión general se
las representaba muchísimo más feas, y que si ellas
viviesen, á buen seguro que le agradecerían los
rasgos que les prestó. Como artista, expuso otra
razón más poderosa: su absoluta incapacidad para
inventar, y la fuerza invencible con que el modelo
vivo se le incrustaba en la memoria, en términos
de no permitirle reposo hasta que los trasladaba al
papel.

Realmente es arduo el problema. ¿Por qué hacer al novelista de peor condición que el pintor?
Va éste, supongamos, á una sociedad ó á un festín,
adonde le convidan; mira en torno suyo; se fija en
la cabeza del anfitrión, en las formas de alguna
señorita que se sienta á su lado; vuelve á casa,

coge los pinceles, y sin el menor escrúpulo pasa al lienzo lo que vió, y nadie le tacha de ingrato ni le califica de miserable. Pero que un escritor realista se resuelva á aprovechar el más mínimo detalle observado en casa de un amigo, hasta de un indiferente ó enemigo jurado, y diránle que rasga el velo de la vida privada, que viola el sagrado del hogar, y todo el mundo se dará por ofendido, y hasta le pondrán pleito, como á Zola, por el apellido de un personaje.

Claro está que el novelista digno de este nombre, al coger la pluma, no obedece á antipatías ni á rencores, ni ejerce una misión vengadora, ni es siquiera el satírico que aspira á clavar en la picota al individuo y á la sociedad. Su propósito es muy diverso: obedece á su musa, que le ordena estudiar, comprender y exponer la realidad que nos rodea. Así es que, volviendo á Daudet, lo que éste toma indistintamente de sus amigos ó de sus adversarios, no es aquella verdad nimia que aun los biógrafos desdeñan, sino ciertos datos que son como el trozo de madera ó hierro llamado *alma* en que los escultores apoyan y sustentan el barro al modelarlo: la armazón, digámoslo así. El nababo Jansoulet, por ejemplo, existió; pero Daudet, al escribirlo, conservó el fondo y modificó hartos pormenores.

Si en alguna novela de Daudet hay intención satírica, es en *Los Reyes en el destierro*. El autor se propuso allí demostrar, y no sé si demostró: sé que el propósito se trasparenta. Sin embargo, á

fuer de consumado artista, evitó la caricatura y
diseñó el nobilísimo y augusto contorno de la
Reina de Iliria. El monárquico más monárquico no
haría cosa tan bella.

Además del mundo parisién, descuella Daudet
en describir su provincia con donaire singular.
Conoce á los meridionales; y ya nos cuente la
burlesca epopeya de *Tartarin de Tarascón*, el
Quijote de Gascuña, que sale de su villa natal resuelto á matar leones en las africanas selvas y
sólo consigue cazar á un pollino y rematar un león
viejo, ciego y agonizante; ya perfile con trazos tan
genuinos y fisonomía tan regional al tamborilero
de *Numa Roumestan*, ó al mismo *Numa*, carácter
soberano que lleva el sello indeleble de una loca-
lidad, siempre nos hará sonreir Daudet, y nos con-
moverá siempre.

Opina Zola que Daudet está providencialmente
destinado á reconciliar al público con la escuela
naturalista, mediante las dotes con que se capta
las simpatías del lector, y las cualidades que le
abren puertas cerradas para Zola: las del hogar
doméstico, las de la elegante biblioteca de palo de
rosa, adorno del gabinete de las damas. Tengo
para mí que esas puertas no se franquearán jamás
á todas las obras de Zola, aunque envíe delante á
cien Daudets allanando obstáculos. Daudet pertenece á la misma escuela que Zola, es cierto; pero
se contenta con acusar la musculatura de la realidad, mientras el otro la desuella con sus dedos de
hierro y la presenta al lector en láminas clínicas.

Pocos estantes de palo de rosa gemirán bajo el peso de *Pot Bouille*.

Alfonso Daudet posee una colaboradora, que es su mujer, autora también de algún libro. ¿Quién sabe si á tan blando influjo se deberá el que Daudet huya de extremar el método naturalista y se mantenga—según reconoce con generosa imparcialidad Zola—en el punto crítico donde acaba la poesía y comienza la verdad?

XIII.

ZOLA.—SU VIDA Y CARÁCTER.

Reservé adrede el último lugar para el jefe de la escuela naturalista, y hablé primero de Flaubert, Daudet y los Goncourt, no tanto por ceñirme al orden cronológico, cuanto por no emprenderla con el discutidísimo novelista sin estudiar antes las variadas fisonomías de sus compañeros, cuya diversidad es argumento poderoso á favor del realismo. Si Stendhal no se parece á Balzac, ni Balzac á Flaubert; si los hermanos Goncourt lucen tan peregrinas y nuevas condiciones artísticas y Daudet es tan personal, Zola á su vez se distingue de todos ellos.

Trataré de Zola más despacio que de sus colegas, no porque le otorgue la primacía—sólo el tiempo decidirá si la merece—pero porque, cuando el valor de sus obras pudiera negarse, no así el puesto de jefe y campeón del naturalismo, que ocupa.

Zola es,—además de novelista revolucionario que dispara libros á manera de bombas cuyo estrépito obliga á la indiferente multitud á volver la cabeza y arremolinarse atónita,—expositor, apologista y propagandista de una doctrina nueva que formula en páginas belicosas. En vano rehusa el título de jefe de escuela, asegurando que el naturalismo es antiguo, que él no se lo ha encontrado en los bolsillos del gabán, que á nadie lo impone, y que antes que él lo siguieron otros autores. Claro está que un hombre solo, por eminente que sea su genio, no improvisa un movimiento literario; pero basta para que le llamemos jefe que las circunstancias ó sus propios arrestos le traigan á acaudillarlo, como acaudilla Zola con gran bizarría las huestes de lo que todo el mundo llama ya *naturalismo*.

A Pablo Alexis, discípulo de los más adictos de Zola, debemos cantidad de pormenores biográficos referentes al maestro. Emilio Zola nació en París el año de 1840: por sus venas corre sangre italiana, griega y francesa; su padre era ingeniero. El futuro novelista no se mostró de muy despejado entendimiento en sus primeros años y estudios: en las casillas de su cerebro no encajaba la retórica, y hasta dos veces fué reprobado en los exámenes del bachillerato en letras. Por fallecimiento de su padre, Zola se halló privado de recursos, y para no morirse literalmente de hambre, desempeñó humildes empleos y tuvo á gran fortuna poder ingresar en el establecimiento de librería de Hachette, donde ejerció funciones más manuales que literarias. Desde aquel modesto asilo, á la sombra de los estantes cargados de volúmenes, comenzó á escribir: sus ensayos pasaron inadvertidos; y aunque Villemessant, amigo de proteger á los principiantes, le confió la sección bibliográfica del *Fígaro*, no tuvieron mejor suerte sus artículos de crítica que sus trabajos de amena literatura. Los *Cuentos á Ninon*, donde no faltan páginas hermosas, fueron acogidos con indiferencia, y el pobre *commis* de librería, enterrado tras del pupitre, desconocido, anegado en el mar inmenso de las letras parisienses, sufría torturas no inferiores á las de Sísifo y Tántalo, al presenciar la rápida venta de libros ajenos y el estancamiento de los propios.

¡Cuántas vigilias, cuántas horas de cavilaciones febriles corren para el autor que siente pesar sobre su alma la oscuridad de su nombre, como pesa en invierno la tierra sobre el germen! Zola maduraba una idea que había de reportarle fama y bienestar; proyectaba escribir algo análogo á la *Comedia Humana* de Balzac, un ciclo de novelas donde estudiase, en la historia de los individuos de una familia, las diferentes clases y aspectos de la sociedad francesa bajo el mando de Luis Napoleón; pero necesitaba un editor que se asociase á sus planes y no temiera emprender la publicación de tan vasta serie de obras, de autor casi desconocido. Consiguió por fin que Lacroix se arriesgase á editarle una novela, y se comprometió á entregarle dos cada año, y que le pagase por ellas un sueldo de dos mil reales al mes: la propiedad del libro quedaba por diez

años enajenada á favor del editor, y lo mismo los
derechos de traducción é inserción en folletines.
Así que Zola granjeó esta renta mezquina, retiróse
á Batignolles, y allí, en una casita con huerto po-
blado de conejos, gallinas y patos, comenzó la vida
de productor metódico é incansable que desde entonces lleva.

No protegía la suerte al editor Lacroix, y hubo
de liquidar, y traspasó los negocios ya emprendi-
dos al fénix de los editores, llamado Charpentier.
Ya en poder de éste, Zola, que es muy despacioso
en idear y escribir, se retrasó en la entrega de los
dos tomos anuales estipulados, y hallóse debiendo
al editor dos mil duros adelantados por éste: grata
sorpresa causóle, pues, Charpentier cuando, lla-
mándole á su despacho, le declaró que sus libros
producían dinero, que no quería abusar de un con-
trato leonino, y que no solamente se daba por co-
brado de su anticipo, sino que le ofrecía otra suma
igual, asociándole además á sus ganancias futuras
y asegurándole un lucido rédito sobre los volúmenes anteriormente publicados. Esto era para Zola,
más que dorada medianía, riqueza; animóse, y en
vez de gastar en alegre y poética holganza sus fondos, se aplicó á trabajar con más ardor que nunca

A fuer de enemigo de los románticos, se propuso Zola vivir enteramente al revés que ellos y llevar una existencia ordenada, *en prosa*, por decirlo
así. Su huerto, su gabinete de estudio, sus conta-
dos amigos, su familia, alguna reunión en casa del
editor Charpentier, son las ocupaciones que le

absorben y las distracciones que goza. Levántase
siempre á la misma hora, se sienta al escritorio, y
despacha sus tres cuartillas de novela, ni más ni
menos; echa su siesta para restaurar el sistema nervioso y no gastar más cerebro del necesario, des-
pierta, hace ejercicio, ensarta un fulminante artículo crítico de los que tanto escuecen á sus compañeros en letras, y después asiste al teatro ó pasa
la noche recogido en su hogar; y este método es
invariable y exacto como la marcha de un reloj...
cuando rige bien, por supuesto.

Recordando el modo de vivir de la generación
que precedió á Zola, se advierte el contraste. De-
vorados por su ardiente fantasía, la mayor parte
de los poetas y literatos del romanticismo pudie-
ron decir con nuestro Espronceda: «siempre ju-
guete fuí de mis pasiones.» La inspiración, que
para Zola es una criada fiel y laboriosa que todas
las mañanas á la misma hora viene á cumplir su
obligación de hilar tres cuartillas, era para los románticos una amante caprichosa y coqueta que
cuando menos se percataban acudía á otorgarles
dulcísimos favores, y luego se volaba como un
pájaro; al sentir el roce de sus alas, Alfredo de
Musset encendía las bujías y abría de par en par
el balcón *para que entrase la musa.* Otros la invo-
caban sobreexcitando sus facultades con el abuso
del café, del opio ó de la cerveza; y para todos era
feliz aventura lo que hoy para Zola es función natural, digámoslo así, ó costumbre adquirida como
la de la siesta que duerme.

Los rostros, la apostura y hasta el traje, poseen
una elocuencia no accesible quizás á los profanos,
pero clarísima para el observador. Al comparar los
retratos de algunos corifeos del romanticismo con
el único que de Zola pude procurarme, comprendí,
mejor que leyendo un tomo de historia de la literatura moderna, cuánta distancia separa á *Graziella* del *Assommoir*. El pensamiento se graba
en la faz, las ideas se filtran, se trasparentan bajo
el cutis, y los semblantes de la generación romántica descubren aquellos entusiasmos y melancolías,
aquel ideal poético y filosófico que caldea sus obras.
El largo cab.llo, las facciones finas, expresivas,
más bien descarnadas, lo caprichoso del traje, el
fuego de los ojos, el porte altivo y meditabundo á
la vez, son rasgos comunes á la especie; pueden
darse estas señas lo mismo de la apolínica é imberbe
faz de Byron y Lamartine, que de las elegantes y
soñadoras cabezas de Espronceda, Zorrilla y Musset. En cuanto á Zola...

Su cara es redonda, su cráneo macizo, su nuca
poderosa, sus hombros anchos como de cariátide,
tiene trigueña la color, roma la nariz, recia la
barba y recio y corto también el cabello. Ni en su
cuerpo atlético ni en su escrutadora mirada hay
aquella distinción, aquel misterioso atractivo, aquella actitud aristocrática, un tanto teatral, que poseyó Chateaubriand en sus buenos tiempos, y hace
que al contemplar su retrato se quede uno pensati-
vo y vuelva á mirarlo otra vez. Si algún rasgo
característico ofrece el tipo de Zola, es la fuerza y

el equilibrio intelectual, patentes en el tamaño y proporciones armónicas del cerebro, que se adivinan por la forma de la bóveda craneana y el ángulo recto de la frente.

En resumen: el físico de Zola corresponde al *prosaísmo*, al concepto mesocrático de la vida, que domina en sus obras. No se entienda que al decir el *prosaísmo* de Zola me refiero al hecho de que trate en sus novelas asuntos bajos, feos ó vulgares. Goethe siente que no hay tales asuntos, y que el poeta puede embellecer cuantos adopte. Aludo más bien al carácter, vida y actos del escritor naturalista, donde falta del todo eso que los franceses llaman *revérie* (la palabra española *ensueño* no lo expresa bien), y aludo, en suma, á la proscripción del lirismo, á la rehabilitación de lo práctico, que supone la conducta de Zola.

Como los antiguos atletas, Zola hace profesión de limpieza y honestidad de costumbres, y se jacta de preferir, como Flaubert, la amistad al amor, declarándose un tanto *misogino* ó aborrecedor del bello sexo, y desdeñando á Sainte-Beuve por apegado á las faldas en demasía. A este alarde de continencia añade Zola otro de conyugal ternura, y habla siempre de su mujer de un modo no galante ni apasionado, que eso no está en su cuerda, pero sí cariñosote y cordial en extremo. Su vida interior es pacífica y ejemplar, y huyendo de la sociedad, se complace en la compañía de su madre, su mujer y sus hijos, acariciando la esperanza de retirarse, andando el tiempo, á alguna aldea, á algún rincón fértil y sosegado.

Tal es el terrible jefe del naturalismo, el autor diabólico cuyo nombre estremece á unos, y á ótros enfurece; el novelista cuyas obras encienden en rubor el semblante de las damas que las leen por casualidad; el cronista de las abominaciones, impurezas, pecados y fealdades contemporáneas. El dice de sí propio: «Soy un ciudadano inofensivo, y nada más. ¡Ay de mí! Ni siquiera tengo un vicio.»

A San Agustín le compararon con un águila; Zola compara á Balzac con un toro: ¿por qué no he de permitirme también un símil zoológico, diciendo que el animal á quien más se asemeja Zola es el buey? Como él, es vigoroso, forzudo y lento. Como él, abre despacio el surco, y se ve el esfuerzo de su testuz al remover la tierra hondamente, arrancando piedras y estorbos. Como él, no tiene gracia, ni finura, ni alegría, ni son airosas sus formas, ni su paso es ágil. Como él, hace labor sólida y duradera.

En lo que no se parece Zola al buey es en la mansedumbre. Para la lucha se convierte en toro, y toro furioso, que arremete á ciegas al adversario, soportando impertérrito en su dura piel los pinchazos de la crítica. Una persona sensible, tímida y cosquillosa estaría ya muerta si sobre ella descargasen los insultos y ataques que llovieron sobre Zola; mientras él los recibe, no ya con indiferencia, sino como estímulos y espolazos que más le animan al combate. Cuando publicó el *Assommoir* levantóse un somatén general: no quedó injuria que no le prodigasen; como suele suceder, el público confundió al autor con la obra, y le atribuyó las groserías y delitos de todos sus personajes, lo mismo que á Balzac se le acusó de libertinaje porque reseñaba costumbres licenciosas. Hasta creyeron á Zola viejo, feo y ridículo, y le supusieron parroquiano de la innoble taberna que describe, jurando que debía hablar la jerga de los barrios bajos; como si para conocer esa jerga y poder trasladarla al papel en un libro como el *Assommoir*, no se necesitase ser, ante todo, literato, y hasta filólogo sagaz.

Zola se creció ante los ataques, que debieron lisonjearle mucho, según su teoría de que sólo las obras discutidas valen y viven. Desdeñando la opinión así del público que le admira como del que le insulta, prescinde del juicio de la multitud y se propone domarla é imponerle el suyo propio. En sus labios no brilla la dulce sonrisa de Daudet, sino un mohín de reto y orgullo. No seduce, desafía; no se reporta ni se corrige, antes acentúa su *manera* en cada libro. Ediciones innumerables, celebridad ruidosísima, traducciones á todos los idiomas, las columnas de la prensa llenas del sonido de su nombre, la trasformación literaria que sufrimos vaciada en sus moldes, son motivos suficientes para que Zola, á despecho del lodo que le arrojan á la faz, crea que el triunfo está de su parte y que él es quien acertó con el gusto de nuestro siglo.

XIV.

ZOLA.—SUS TENDENCIAS.

El ciclo de novelas á que debe Zola su estruendosa fama se titula *Los Rougon Macquart, historia natural y social de una familia bajo el segundo imperio*. Herida esta familia en su mismo tronco por la *neurosis*, se va comunicando la lesión á todas las ramas del árbol, y adoptando diversas formas, ya se presenta como locura furiosa y homicida, ya como imbecilidad, ya como vicio de alcoholismo, ya como *genio artístico*; y el novelista, habiendo trazado en persona el árbol genealógico de la estirpe de Rougon, con sus mezclas, fusiones y saltos-atras, reseña las metamorfosis del terrible mal hereditario, estudiando en cada una de sus novelas un caso de tan misteriosa enfermedad.

Adviértese que la idea fundamental de los *Rougon Macquart* no es artística, sino científica, y que los antecedentes del famoso ciclo, si bien lo miramos, se encuentran en Darwin y Hæckel mejor que en Stendhal, Flaubert ó Balzac. La ley de *trasmisión hereditaria*, que imprime caracteres indelebles en los individuos por cuyas venas corre una misma sangre; la de *selección natural*, que elimina los organismos débiles y conserva los fuertes y aptos para la vida; la de *lucha por la existencia*, que desempeña oficio análogo; la de *adaptación*, que condiciona á los seres orgánicos conforme al medio ambiente; en suma, cuantas forman él cuerpo de doctrinas evolucionistas predicado por el autor del *Origen de las especies*, pueden verse aplicadas en las novelas de Zola.

Atentos solamente al aspecto literario de éstas, suelen los críticos reirse del aparato científico que despliega el jefe de la escuela naturalista: lo cual me parece ligereza notoria, dado que Zola no es un Edgardo Poe que se sirva de la ciencia como de entretenida fantasmagoría ó medio de excitar la curiosidad del lector. Prescindir del conato científico en Zola, es proponerse deliberadamente no entenderlo, es ignorar dónde reside su fuerza, en qué consiste su flaqueza y cómo formuló la estética del naturalismo. Su fuerza digo, porque nuestra época se paga de las tentativas de fusión entre las ciencias físicas y el arte, aun cuando se realicen de modo tan burdo como en los libros de Julio Verne; y por muchas burletas y donaires que los gacetilleros disparen á Zola con motivo de su famoso árbol genealógico y sus alardes de fisiólogo y médico, no impedirán que la generación nueva se vaya tras

9

sus obras, atraída por el olor de las mismas ideas con que la nutren en aulas, anfiteatros, ateneos y revistas, pero despojadas de la severidad didáctica y vestidas de carne.

Digo su flaqueza, porque si es verdad que hoy exigimos al arte que estribe en el firmísimo asiento de la verdad, como no tiene por objeto principal indagarla, y la ciencia sí, el artista que se proponga fines distintos de la realización de la belleza, tarde ó temprano, con seguridad infalible, verá desmoronarse el edificio que erija. Zola incurre á sabiendas en tan grave herejía estética, y será castigado, no lo dudemos, por donde más pecó.

Curioso libro podría escribir la persona que dominase con igual señorío letras y ciencias, sobre *el darwinismo en el arte contemporáneo*. En él se contendría la clave del pesimismo, no poético á la manera de Leopardi, sino depresivo, que como negro y mefítico vapor se exhala de las novelas de Zola; del empeño de patentizar y describir la *bestia humana*, ó sea el hombre esclavo del instinto, sometido á la fatalidad de su complexión física y á la tiranía del medio ambiente; de la mal disimulada preferencia por la reproducción de tipos que demuestren la tesis; idiotas, histéricas, borrachos, fanáticos, dementes, ó personas tan desprovistas de sentido moral, como los ciegos de sensibilidad en la retina.

Los darwinistas consecuentes y acérrimos, para apoyar su teoría de la descendencia animal del hombre, gustan de recordarnos las tribus salvajes

de Australia y describirnos aquellas enfermedades
en que la responsabilidad y conciencia fallecen;
Zola los imita y, en un arranque de sinceridad,
declara que prefiere el estudio del caso patológico
al del estado normal, que es, sin embargo, lo que
en la realidad abunda.

Aquí ocurre una pregunta: ¿será censurable en
Zola el fundar sus trabajos artísticos en la ciencia
moderna y consagrarlos á demostrarla? ¿No parece
más bien loable intento? Paso; enterémonos primero de qué cosa son las ciencias á que Zola se
atiene.

No es ahora ocasión propicia para aquilatar la
certidumbre ó falsedad del darwinismo y doctrina
evolucionista: hícelo en otro lugar lo mejor que
supe, y lo digo no por alabarme, sino á fin que no
me acuse algún malicioso de hablar aquí de cosas
que no procuré entender. Pero en resumen, limi-
tándome á exponer el dictamen de los más califica-
dos é imparciales autores, indicaré que el darwinismo no pertenece al número de aquellas verdades
científicas demostradas con evidencia por el método
positivo y experimental que Zola preconiza, como,
por ejemplo, la conversión de la energía y correla-
ción de las fuerzas, la gravitación, ciertas propie-
dades de la materia y muchos asombrosos descubri-
mientos astronómicos; sino que, hasta la fecha, no
pasa de sistema atrevido, fundado en algunos principios y hechos ciertos; pero riquísimo en hipótesis
gratuitas, que no descansan en ninguna prueba
sólida, por más que anden á caza de ellas numero-

sos sabios especialistas allá por Inglaterra, Alemania y Rusia. Ahora bien; como quiera que en achaque de ciencias exactas, físicas y naturales tenemos derecho para exigir demostración, sin lo cual nos negamos terminantemente á creer y rechazamos lo arbitrario, he aquí que todo el aparato científico de Zola viene á tierra, al considerar que no procede de las ciencias seguras, cuyos datos son fijos é invariables, sino de las que él mismo declara empiezan aún á balbucir y son tan tenebrosas como rudimentarias: ontogenia, filogenia, embriogenia, psico-física.—Y no es que Zola las interprete á su gusto, ó falsee sus principios; es que esas ciencias son de suyo novelescas y vagas; es que, mientras más indeterminadas y conjeturales las encuentre el científico riguroso, más campo abrirán á la rica imaginación del novelista.

¿Qué le queda, pues, á Zola si en tan deleznables cimientos basó el edificio orgulloso y babilónico de su *Comedia humana?* Quédale lo que no pueden dar todas las ciencias reunidas; quédale el verdadero patrimonio del artista; su grande é indiscutible ingenio, sus no comunes dotes de creador y escritor. Eso es lo que permanece, cuando todo pasa y se derrumba; eso es lo que los siglos venideros conocerán en Zola, (aparte de su inmensa influencia en las letras contemporáneas).

Si Zola fuese únicamente el autor *pornográfico* que hace arremolinarse á la multitud con curiosidad y dispersarse con rubor y tedio, ó el sabio á la violeta que barniza sus narraciones con una capa delustre científico, Zola no tendría más público que el vulgo, y ni la crítica literaria ni la reflexión filosófica hallarían en sus obras asunto donde ejercitarse. ¿Consagra alguien largos artículos al examen de las popularísimas y entretenidas novelas de Verne? ¿Dedícase nadie á censurar despacio las no menos populares de Pablo de Kock? Todo ello es cosa baladí, que no trasciende. Las de Zola son harina de otro costal, y su autor—á pesar de los pesares—grande, eximio, extraordinario artista.

Pasajes y trozos hay en sus libros que, según su género, pueden llamarse definitivos, y no creo temeraria aseveración la de que nadie irá más allá. Los estragos del alcohol en el *Assommoir*, con aquel terrible epílogo del *delirium tremens*; la pintura de los mercados en *El vientre de Paris*; la delicada primera parte de *Una página de amor*; el graciosísimo idilio de los amores de *Silverio* y *Miette* en *La fortuna de los Rougon*; el carácter del clérigo ambicioso en *La conquista de Plasans*; la riqueza descriptiva de *La falta del cura Mouret*, y otras mil bellezas que andan pródigamente sembradas por sus libros, son quizás insuperables. Con la manifestación de un poderoso entendimiento, de una mirada penetrante, firme, escrutadora, y á la vez con la copia de arabescos y filigranas primorosísimas, Zola suspende el ánimo. Tengamos el arrojo de decirlo, una vez que tantos lo piensan: en el autor del *Assommoir* hay hermosura.

En cuanto á sus defectos, mejor diré á sus excesos, ellos son tales y tanto los va acentuando y recargando, que se harán insufribles, si ya no se hicieron á la mayoría. Pecado original es el de tomar por asunto no de una novela, pero de un ciclo entero de novelas, la odisea de la *neurosis* al través de la sangre de una familia. Si esto lo considerase como un caso excepcional, todavía lo llevaríamos en paciencia; pero si en los *Rougon* se representa y simboliza la sociedad contemporánea, protestamos y no nos avenimos á creernos una reata de enfermos y alienados, que es, en resumen, lo que resultan los *Rougon*. ¡A Dios gracias, hay de todo en el mundo, y aun en este siglo de tuberculosis y anemia no falta quien tenga mente sana en cuerpo sano!

Dirá el curioso lector: ¿según eso, Zola no estudia sino casos patológicos? ¿No hay en la galería de sus personajes alguno que no padezca del alma ó del cuerpo, ó de ambas cosas á la vez? Si los hay; pero tan nulos, tan inútiles, que su salud y su bondad se traducen en inercia, y casi se hacen más aborrecibles que la enfermedad y el vicio. A excepción de *Silverio*—que en rigor es un fanático político—y de la conmovedora y angelical *Lalie* del *Asommoir*, los héroes virtuosos de Zola son marionetas sin voluntad ni fuerza. Lo activo en Zola es el mal: el bien bosteza y se cae de puro tonto. ¡Cuidado con la singularísima mujer honrada de *Pot-Bouille!* ¡Pues y el sandio protagonista de *El vientre de Paris!* Es cosa de preferir á los malvados, que al menos están descritos de mano maestra y no se duermen.

Cuando un escritor logra descubrir el filón de las ideas latentes y dominantes en su siglo; cuando se hace intérprete de aquello que más le caracteriza—sea malo ó bueno,—por fuerza ha de abundar en el sentido de los errores de la edad misma que interpreta. Esta mutua acción del autor sobre el público y del público sobre el autor favorito, explica asaz los yerros que cometen talentos claros y profundos, pero que al cabo llevan impreso el sello de su época. No nacieron las novelas de Zola entre el polvo de los estantes henchidos de libros clásicos, ni como resplandecientes mariposas revolaron acariciadas por el sol de la fantasía del autor: se engendraron en el corral donde Darwin cruzó individuos de una misma especie zoológica para modificarlos, en el laboratorio donde Claudio Bernard verificó sus experimentos y Pasteur estudió las ponzoñosas fermentaciones y el modo con que una sola y microscópica bacteria inficiona y descompone un gran organismo: la idea de *Nana*. Antes que Zola dibujase el árbol genealógico de los Rougon-Macquart, Hæckel, con rasgos muy semejantes, había trazado el que une á los lemúridos y monos antropomorfos con el hombre; antes que Zola negase el libre albedrío y proclamase el pesimismo, el vacío y la nada de la existencia, Schopenhauer y Hartmann ataron la voluntad humana al rollo de hierro de la fatalidad, declarando que el mundo es un sueño vacío, ó más bien una pesadilla.

Que existe esta íntima relación entre las novelas

de Zola y las teorías y opiniones científicas propias de nuestro siglo, no puede dudarse, por más que hartos críticos afirmen que Zola carece de cultura filosófica y técnica, siendo muchísimo lo que ignora y bien poco lo que sabe. En primer lugar, esta ignorancia de Zola es relativa, pues se refiere únicamente al pormenor y al detalle, no impidiendo á su inteligencia abarcar la síntesis y el conjunto de tales doctrinas, para lo cual no hay necesidad de quemarse las cejas, y sobra con leer algunos artículos de revista y hasta una docena de libros de la *Biblioteca científica internacional*. Cabalmente distingue al artista—y Zola lo es—la intuición rápida y segura que le permite reflejar y encarnar en sus obras, por sorprendente manera, lo que apenas entrevió.

Además, los miasmas de ciencia novelesca, que pudiéramos llamar *leyendas de lo positivo*, flotan en la atmósfera como los gérmenes estudiados por Pasteur, y se infiltran insensiblemente en las creaciones del arte. Apuntemos en el capítulo de cargos contra Zola el fundarse, para sus trabajos realistas, en lo incierto y oscuro de la ciencia, y olvidando sus ideas filosóficas, estudiemos sus procedimientos artísticos y retórica especial.

XV.

ZOLA.—SU ESTILO.

Si exceptuamos á Daudet, todos los naturalistas y realistas modernos imitan á Flaubert en la *impersonalidad*, reprimiéndose en manifestar sus sentimientos, no interviniendo en la narración y evitando interrumpirla con digresiones ó raciocinios. Zola extremó el sistema perfeccionándolo. Fácilmente se advierte, al leer una novela cualquiera, cómo los pensamientos de los personajes, aun siendo verdaderos y sutilmente deducidos, salen bañados y cubiertos de un barniz peculiar al autor, pareciendo que es éste, y no el héroe, quien discurre. Pues Zola—y aquí empiezan sus innovaciones—presenta las ideas en la misma forma irregular y sucesión desordenada, pero lógica, en que afluyen al cerebro, sin arreglarlas en períodos oratorios ni encadenarlas en discretos razonamientos; y con este método hábil y dificilísimo á fuerza de ser sencillo, logra que nos forjemos la ilusión de *ver pensar* á sus héroes. Es indudable que la idea, despertada rápidamente al choque de la sensación, habla un lenguaje menos artificioso del que empleamos al formularla por medio de la palabra; y si alguna vez la lengua va más allá que el pensamiento, por lo general las percepciones del entendimiento é impulsos de la voluntad son violentos y concisos, y la lengua los viste, disfraza y atenúa al expresarlos. Los novelistas, cuando levantaban la cubierta de las molleras (como Asmodeo los tejados), y querían mostrarnos su interior actividad, empleaban perífrasis y circunloquios que Zola ha sido tal vez el primero en suprimir, procediendo como los confesores, que si el penitente por vergüenza ó deseo de cohonestar su conducta busca rodeos y anda á caza de frases ambiguas y palabras oscuras, suelen rasgar los tules en que se envuelve el alma, y decir el vocablo propio de que el pecador no osaba servirse.

Mas no por eso son justos los que afirman que la frase cruda, callejera y brutal, y el pensamiento cínicamente desnudo, tejen el estilo grosero de Zola. Créenlo así muchos que de sus obras sólo conocen lo peor de lo peor, es decir, aquello que precisamente lisonjeó su depravada curiosidad. En el conjunto de sus obras, el creador de *Albina, Helena* y *Miette* sacrifica en aras de la poesía. Si inventó, como dicen sus censores, la *retórica del alcantarillado*, también, según él mismo declara, sentó el pie hartas veces en prados cubiertos de hierbas y flores. No creo que sea prosa la sinfonía descriptiva, el poema paradisiaco que ocupa una tercera parte de *La falta del cura Mouret*, y donde el mismo buril firme que grabó en metal el estilo *canallesco* de los mercados y barrios bajos de París, esculpió las formas espléndidas de la rica vegetación que en aquella soñada selva crece, se multiplica y rompe sus broches embalsamando el aire. Y no sólo en *La falta del cura Mouret*, sino en otros muchos libros, se entrega Zola al placer de forjar con elementos reales calenturienta poesía. *La fortuna de los Rougon*, con su enamorada pareja de adolescentes; la *Ralea*, con su mágico jardín de invierno, sus interiores suntuosos poetizados por el arte y el lujo; *Una página de amor*, con sus cinco descripciones de la misma ciudad, vista ya á los arreboles del ocaso, ya á la luz de la aurora—descripciones que son puro capricho de compositor, serie de escalas destinadas á mostrar la agilidad de los dedos y la riqueza del teclado,—y, por último, hasta *Nana* y el *Assommoir*, en ciertas páginas, dan testimonio de la inclinación de Zola á *hacer belleza*, digámoslo así, artificiosamente, dominando lo vulgar, innoble y horrible de los asuntos. Zola reconoce y declara esta propensión que va comunicándose á su escuela, y la considera grave defecto, heredado de los románticos. Su aspiración suprema, su ideal, sería alcanzar un arte más depurado, más grandioso, más clásico, donde en vez de escalas cromáticas y complicados arpegios, se ostentase la sencillez y naturalidad de la

factura unida á la majestad del tema. Conviene
Zola en que su estilo, lejos de poseer esa hermosa
simplicidad y nitidez que aproxima en cierto modo
la naturaleza al espíritu y el objeto al sujeto, y esa
sobriedad que expresa cada idea con las palabras
estrictamente necesarias y propias, está recargado
de adjetivos, adornado de infinitos penachos y cin-
tajos y colorines que le harán tal vez de inferior
calidad en lo venidero. ¿Débense realmente tales
defectos á la tradición romántica? ¿No será más
bien que esas puras y esculturales líneas que Zola
ambiciona y todos ambicionamos excluyen la con-
tinua ondulación del estilo, el detalle minucioso,
pero rico y palpitante de vida, que exige y apetece
el público moderno?

En resolución, Zola, lejos de ser descuidado,
bajo é incorrecto, peca de alambicado á veces; y
los críticos ultrapirenaicos, que no lo ignoran y le
quieren mal, á vueltas de las acusaciones de grosería, brutalidad é indecencia, le lanzan alguna
muy certera, apellidándole autor quintesenciado y
relamido. El jefe del naturalismo carece de naturalidad y sencillez; no lo niega, y lo achaca á la
leche romántica que mamó. Artista lleno de matices, de primores y refinamientos, diríase, no
obstante, que su prosa carece de alas, que está
ligada por ligaduras invisibles, faltándole aquel
grato abandono, aquella facilidad, armonía y número que posee, por ejemplo, Jorge Sand. Su estilo, igual y llano, es en realidad trabajadísimo, sa-
biamente dispuesto, premeditado hasta lo sumo,

y ciertas frases que parecen escritas á la buena de
Dios y sin más propósito que el de llamar á las
cosas por su nombre, son producto de cálculos estéticos que no siempre logra disimular la habilidad
del autor.

Hasta el valor eufónico de las palabras y, sobre
todo, su vigor como toques de luz ó manchones de
sombra, está combinado en Zola para producir
efecto, lo mismo que el modo de usar los tiempos
de los verbos. Si dice «iba» en vez de «fué,» no es
por casualidad ó descuido; es porque quiere que
nos representemos la acción más aprisa, que el personaje eche á andar á vista del lector. Cuando usa
ciertos diminutivos, ciertas frases de lástima ó de
enojo, oimos el pensamiento del personaje formulado por boca del autor, sin necesidad de aquellos sempiternos monólogos con que ocupan otros
novelistas páginas y más páginas.

Las descripciones largas fueron y son imputadas
á la escuela naturalista; mas ¡cuántos prezolistas
hubo en lo tocante á describir! Sólo que en las
antiguas novelas inglesas lo pesado é interminable
era la pintura de los sentimientos, afectos y aspiraciones de héroes y heroínas y sus grandes batallas consigo mismos y sus querellas amorosas, y
en Walter Scott todo, paisajes, figuras, trajes y
diálogos. ¿Quién más prolijo en extender fondos
que Rousseau? Consiste la diferencia entre los
idealistas y Zola, en que éste prefiere á los poéticos castillos, lagos, valles y montañas, las ciudades, sus calles, sus mercados, sus palacios, sus

teatros y sus congresos, é insiste lo mismo en pormenores característicos y elocuentes que en detalles de poca monta. ¿Ha visto el lector alguna vez retratos al óleo hechos con ayuda de un cristal de aumento? ¿Observó cómo en ellos se distinguen las arrugas, las berrugas, las pecas y los más imperceptibles hoyos de la piel? Algo se asemeja la impresión producida por estos retratos á la que causan ciertas descripciones de Zola. Gusta más mirar un lienzo pintado á simple vista, con libertad y franqueza.

No por eso es lícito decir que las descripciones de Zola se reducen á meros inventarios. Debían los que lo aseguran probar á hacer inventarios así; ya verían cómo no es tan fácil hinchar un perro. Las descripciones de Zola, poéticas, sombrías ó humorísticas (nótese que no digo *festivas*), constituyen no escasa parte de su original mérito y el escollo más grave para sus infelices imitadores. Esos sí que nos darán listas de objetos, si, como es probable, les niega el hado el privilegio de interpretar el lenguaje del aspecto de las cosas, y el don de la oportunidad y mesura artística.

Lo mismo digo de cuantos piensan que el método realista se reduce á copiar lo primero que se ve, sea feo ó bonito, y mejor si es feo, y que copiando así á bulto saldrá una novela de las que se estilan. Leí no sé dónde que un mozalbete decía á un escultor, señalando á la Venus que éste terminaba: «Enséñeme V. á hacer otra como esa, que debe ser fácil;» y respondíale el escultor: «Facilísimo: se reduce á coger un trozo de mármol é irle quitando todos los pedazos que le sobran.» La ironía del artista es aplicable al caso de la novela. Zola ha formulado su estética y su método con harta claridad y prolijidad nada menos que en siete volúmenes, y lo ha aplicado en quince ó veinte; no contento con esto, él y sus discípulos á porfía dan al público detalles y revelan secretos del oficio, explicando cómo se trabaja, cómo se recogen notas, como se clasifican y emplean, cómo se parte de los antecedentes de familia para restablecer el carácter y condición de un personaje (los novelistas antiguos, al contrario, gustaban de envolver en el misterio y hacer mítico el nacimiento de sus obras); y sin embargo, á pesar de tantas recetas, falta quién las aplique. Por ahora, á pesar de la creciente fama y provecho que á Zola y Daudet reportan sus libros, lo que pulula son novelistas idealistas de la escuela de Cherbuliez y Feuillet, de los que imaginan en lugar de observar y sueñan despiertos. En efecto, si la vida, la realidad y las costumbres están presentes á todo el mundo, pocos las saben ver y menos explicar. El espectáculo es uno mismo, los ojos y entendimientos diferentes.

Aquí se ofrece otra cuestión: cierto que Zola pretende observar la verdad y asegura que con ella están tejidos sus libros; pero ¿se engañará? ¿Será también la imaginación elemento de sus obras?

Cuando escribió el *Assommoir*, no faltó quien dijese que desfiguraba y exageraba el pueblo: más fuerte aún gritaron los críticos contra la exactitud de *Nana* y *Pot-Bouille*. Si *Nana* se compone de embustes, para toda persona decente el mentir de *Nana* es el mentir de las estrellas; mas por lo que toca á *Pot-Bouille*, la exageración me parece indudable; y mejor que *exageración* le llamaría yo *simbolismo*, ó si se quiere, *verdad representativa*. Aunque suene á paradoja, el símbolo es una de las formas usuales de la retórica zolista: la estética de Zola es en ocasiones simbólica como... ¿lo diré? como la de Platón. Alegorías declaradas (*La falta del cura Mouret*), ó veladas (*Nana, La Ralea, Pot-Bouille*), sus libros *representan* siempre más de lo que *son* en realidad. En *La falta* el autor no oculta la intención simbólica, y hasta el nombre *Paradou* (Paraíso), y el gigantesco árbol á cuya sombra se comete el pecado, recuerdan el Génesis. *Nana*, la meretriz impura, la *mosca de oro* que se incubó en las fermentaciones del estercolero parisiense y cuya picadura todo lo inficiona, desorganiza y mata, ¿qué es sino otro símbolo? Sobre la rubia cabeza de *Nana* el autor acumuló toda la inmundicia social, derramó la copa henchida de abominaciones, é hizo de la pervertida griseta un enorme símbolo, una colosal encarnación del vicio; y por el mismo procedimiento, en la casa mesocrática de *Pot-Bouille* reunió cuantas hipocresías, maldades, llagas y podredumbres caben en la mesocracia francesa.

Difícilmente puede un extranjero—aunque haya visitado á París, como casi todo el mundo lo ha

visitado—discernir si las costumbres de Francia
son tan pésimas: se susurran de allá males que por
acá, á Dios gracias, aun no nos afligen, y el censo
de población arroja cifras é indica descensos que
deben sugerir profundas reflexiones á los estadistas
de la nación vecina; mas con todo eso, yo me figu-
ro que el método de *acumulación* que emplea Zola
sirve para hinchar la realidad, es decir, lo negro y
triste de la realidad, y que el novelista procede
como los predicadores, cuando en un sermón abul-
tan los pecados con el fin de mover á penitencia al
auditorio. En suma, tengo á Zola por pesimista, y
creo que ve la humanidad aún más fea, cínica y vil
de lo que es. Sobre todo más cínica, porque aquel
Pot-Bouille, mejor que estudio de las costumbres
mesocráticas, parece pintura de un lupanar, un
presidio suelto y un manicomio, todo en una pieza.

Quisiera no errar juzgando á Zola, y no atacarlo
ni defenderlo más de lo justo. Sé que está de moda
hacer asquillos al oir su nombre, pero ¿qué signi-
fican en literatura los asquillos? Una cosa es el genio
y el ingenio; otra las licencias, los extravíos, los yerros de una escuela. En su misma patria aborrecen
á Zola: detestábale el difunto Gambetta, porque
Zola le discutió como escritor y orador, y la Academia, la Escuela normal, todos los novelistas idealistas, todos los autores dramáticos, la *Revista de
Ambos Mundos*, madama Edmond Adam, á porfía,
reniegan de Zola, le excomúlgan y hacen que no lo
ven. Quizás nosotros, situados á mayor distancia,
apreciaremos mejor la magnitud del caudillo naturalista y preferiremos entender á escandalizarnos.

XVI.

DE LA MORAL.

Zola nos conduce á tratar el bien manoseado y
mal esclarecido punto de la moralidad en el arte
literario, y especialmente en la escuela realista. Y
ante todo, persignémonos para que Dios nos libre
de filosofías. Ya sé yo que en la Esencia Divina se
dan reunidos los atributos de verdad, bondad y
belleza: mas también sé con certidumbre experimental que en las obras humanas aparecen separa-
dos y siempre en grado relativo. Un final de ópera
donde el tenor muere cantando, puede ser hermo-
sísimo, y no cabe cosa más apartada de la *verdad*:
un licencioso grupo pagano será bello sin ser *bueno*.
Y esto me parece evidente *per se*, y ocioso el apo-
yarlo en razonamientos, porque hay en la percep-
ción de la belleza algo de inefable que se resiste á
la lógica y no se demuestra ni explica.

Viniendo ya á las relaciones de la moral y de las

novísimas escuelas literarias, empezaré por observar que es error frecuente en los censores del realismo confundir dos cosas tan distintas como lo
inmoral y lo *grosero*. *Inmoral* es únicamente lo
que incita al vicio; *grosero*, todo lo que pugna
con ciertas ideas de delicadeza, basadas en las costumbres y hábitos sociales; bien se entiende, pues,
que el segundo pecado es venial, y mortal de necesidad el primero. Ya en distintos lugares de estos
estudios lo indiqué: la inmoralidad que entraña el
naturalismo procede de su carácter fatalista, ó sea
del fondo de determinismo que contiene; pero todo
escritor realista es dueño de apartarse de tan tor-
cido camino, jamás pisado por nuestros mejores
clásicos, que, no obstante, realistas y muy realistas eran.

Pocos críticos de aquellos que más claman en
contra del naturalismo echan de ver las malas
hierbas deterministas que crecen en el jardín de Zola; y el cargo más grave que á éste dirigen—no sin
velarse antes la faz—es que sus libros no pueden
andar en manos de señoritas. ¡Válanos Dios! Lo
primero habría que empezar por dilucidar si conviene más á las señoritas vivir en paradisiaca ino-
cencia, ó conocer la vida y sus escollos y sirtes,
para evitarlos; problema que, como casi todos,
se resuelve en cada caso con arreglo á las circunstancias, porque existen tantos caracteres diversos
como señoritas, y lo que á ésta le convenga será
funestísimo quizás para aquélla, y vaya V. á esta-
blecer reglas absolutas. Es análoga esta cuestión

á la del alimento; cada edad y cada estómago lo necesita diferente; proscribir un libro porque no todas láş señoritas deban apacentar en él su inteligencia, es como si tirásemos por la ventana un trozo de carne bajo pretexto de que no la comen los niños de teta. Désele norabuena al infante su papilla, que el adulto apetecerá el manjar fuerte y nutritivo. ¡Cuán hartos estamos de leer elogios de ciertos libros, alabados tan sólo porque nada contienen que á una señorita ruborice! Y, sin embargo, literariamente hablando, no es mérito ni demérito de una obra el no ruborizar á las señoritas.

Los extranjeros piensan con más acierto, pues comprendiendo que el género de lecturas varía según las edades y estados, y que desde la edad en que el niño deletrea hasta la plenitud de la razón media un período durante el cual algo ha de leer, escriben obras á propósito para la infancia y juventud, obras en que se emplean á menudo plumas diestras y famosas, hábiles en adaptarse al grado de desarrollo que suelen alcanzar las facultades del público especial á quien se consagran. Por nuestra tierra no dejan de escribirse libros anodinos y mucilaginosos: sólo que sus autores pretenden cautivar á todas las edades, cuando en realidad no evitan aburrir á ninguna.

Otro grave inconveniente encuentro en los libros híbridos que aspiran á corregir deleitando. Como cada autor entiende la moral á su manera, así la explica, y dejo al juicio del lector discreto resolver qué será más malo; si prescindir de la moral ó falsificarla. Para mí, no hay más moral que la moral católica, y sólo sus preceptos me parecen puros, íntegros, sanos é inmejorables; dicho se está que si un autor bebe sus moralejas en Hegel, Krause ó Spencer, las tendré por perniciosas. Rousseau, Jorge Sand, Alejandro Dumas hijo, y otros cien novelistas que se erigieron en moralizadores del género humano, escribiendo novelas docentes y tendenciosas, parécenme de más funesta lectura que Zola, puesto caso que el lector los tomase por lo serio.

Es opinión general que la moralidad de una obra consiste en presentar la virtud premiada y castigado el vicio: doctrina insostenible ante la realidad y ante la fe. Si no hubiese más vida que ésta; si en otro mundo de verdad y justicia no remunerasen á cada uno según sus merecimientos, la moral exigiría que en este valle de lágrimas todo anduviese ajustado y en orden; pero siendo el vivir presente principio del futuro, querer que un novelista lo arregle y enmiende la plana á la Providencia, téngolo por risible empeño.

De todas suertes, sea inmoralidad ó grosería lo que en el realismo se descubre, los chillidos de la prensa y del público y el magno *tolle tolle* que nos aturde los oídos, parece que delatan la aparición de un mal nuevo y desconocido, como si hasta la fecha las letras hubiesen sido espejo de honestidad y recato. Y no obstante, hace años que Valera, contendiendo con Nocedal, dijo discretamente que no habiendo ocurrido nunca los tiempos felices en que la literatura se mostró decorosa é irreprochable, nadie podía desear la vuelta de tales tiempos. De esta gran verdad, que Valera demuestra con su acostumbrada elegante erudición, no ha menester pruebas quien conozca unas miajas nuestros clásicos y teatro antiguo. Sólo que los adversarios del naturalismo emplean una táctica de mala fe; tan pronto le echan en cara no ser nuevo, como le oponen, depreciándolo, el ejemplo de la literatura anterior.

¿Hallaremos acaso, en tiempos más recientes que el siglo de oro, modelos de esa literatura pulcra y austera? Yo he sido educada en la privación y el santo horror de las novelas románticas; y aunque leía en mi niñez—hasta aprenderme trozos de memoria—la *Ilíada* y el *Quijote*, jamás logré apoderarme de un ejemplar de Espronceda ó de *Nuestra Señora de París*, obras que su fama satánica apartaba de mis manos. Si los clásicos delinquieron y los románticos también, ¿por qué echar sobre naturalistas y realistas todo el peso de la culpa?

Es cosa peregrina ver cómo cada escuela pasa una indulgente esponja sobre sus propias inmundicias, y señala con el dedo á las ajenas. Hoy los neoclásicos absuelven á los escritores paganos, alegando que no conocieron á Cristo—aunque muchos escribiesen después de haber sido anunciado el Evangelio, y como si la naturaleza misma, á falta de religión, no proscribiese asaz ciertas abominaciones en cuyo relato se complacen los poetas latinos.—A su vez los idealistas perdonan los extravíos románticos, porque, aunque un héroe romántico

haga, como Werther, la apología del suicidio, ó dude hasta del aire que respira, como Lelia, tiene la
disculpa de ir en pos del ideal, y no importa zam-
puzar el cuerpo en el lodo con tal que la mirada se
dirija á las estrellas. Y por último, para cohonestar
aquellas cosazas que abundan en Tirso y Quevedo,
se echa mano del candor y sencillez de la época en
que vivían. El que no se consuela es porque no
quiere. Diránme los defensores de esas escuelas que
no á causa sino á pesar de sus lunares, celebran á
Horacio y á Espronceda y á todos los santos de su
devoción: lo mismito nos sucede á los demás.
Cuando Zola atenta contra el gusto, de mí sé decir
que no me da ninguno. Le preferiría más repor-
tado, y cierto que no elogio en él deslices, sino bellezas.

Ahora, si alguien me pregunta dónde empiezan
esos deslices, y hasta dónde llega la libertad que
puede otorgarse al escritor, yo no lo sabré decidir.
Son límites eminentemente variables, y sólo el
tacto, el pulso firme que posee un gran talento, le
sirve de guía para no descarriarse, para levantarse
si llega á caer. Es innegable que el *Quijote* encierra pasajes bien poco áticos, que con justicia se
pueden calificar de groseros, pero al fin son partes
de aquel divino todo, el genio de Cervantes los ha
marcado con su estampilla, y, para declararlo de
una vez, están muy bien donde están, y yo no los
borraría si de mí dependiese suprimirlos. Me incli-
no á comparar los bellos frutos del ingenio humano con la esmeralda, piedra hermosa, pero que

apenas se halla una que no tenga un poco de veta
ó mancha, llamada *jardín*. Los grandes autores
tienen vetas, y no por eso dejan de ser piedras preciosas.

Nana es acaso la obra por la cual se juzga con
más severidad á Zola. ¿Será debido al asunto?
Siento que más bien á la falta de tino, al cinismo
brutal con que está tratado. De hecho en la sociedad hay formas, límites, vallas que quizás no puede
salvar una obra que aspira á atravesar victoriosa las
edades; y digo *quizás*, porque si Rabelais y otros
escritores rompieron esos diques y alcanzaron nombre imperecedero, todavía su licencia constituye
un elemento de inferioridad y como una nota
desafinada en la sinfonía de su talento. Vallas y
límites son que el genio remueve, pero que vuelven
á alzarse de suyo. Si bien es verdad que se mudan,
jamás desaparecen; y con tanta fuerza se imponen,
que no sé de escritor alguno que totalmente las
haya atropellado. Por atrevida que sea una pluma,
por mucho que intente copiar la nuda realidad,
hay siempre un punto en el cual se para, hay cosas
que no escribe, hay velos que no acierta á levantar.
El toque está en saber detenerse á tiempo en las
lindes del terreno vedado por la decencia artística.

Pero aquí conviene advertir que la mayoría de
los críticos parece imaginar que solo existe un género de inmoralidad, la erótica; como si la ley de
Dios se redujese á un mandamiento. Que el autor
se abstenga de pintar la pasión amorosa, y ya tiene carta blanca para retratar todas las restantes.

Y, sin embargo, hay novelas como *El Judío Erran-te ó Los Misterios de París*, que por su carác-ter antisocial y antirreligioso no son menos inmo-rales que *Nana* por otro concepto. En cuestiones religiosas y sociales, los ·naturalistas proceden como sus hermanos los positivistas respecto de los problemas metafísicos; las dejan á un lado, aguardando á que las resuelva la ciencia, si es posible. Abstención mil veces menos peligrosa que la propaganda socialista y herética de los novelis-tas˙que les precedieron.

En cuanto á la pasión, sobre todo la amorosa fue-ra de los caminos del deber, lejos de glorificarla, diríase que se han empeñado los realistas en desen-gañar de ella á la humanidad, en patentizar sus riesgos y fealdades, en disminuir sus atractivos. De *Madama Bovary* á *Pot-Bouille*, la escuela no hace sino repetir con fatídico acento que sólo en el deber se encuentra la tranquilidad y la ventura. El por-tugués Eca de Queiroz, en su novela *O primo Ba-ʒilio*—donde imita á Zola hasta beberle el alma—traza un cuadro horrible bajo su aparente vulgari-dad, el del suplicio de la esposa esclava de su culpa. Claro está que la enseñanza moral de los realistas no se formula en sermones ni en axiomas: hay que leerla en los hechos. Así sucede ·en la vida, donde las malas acciones son castigadas por sus propias consecuencias.

En resolución, los naturalistas no son revolucio-narios utópicos, ni impíos por sistema, ni hacen la apoteosis del vicio, ni caldean las cabezas y co-

rrompen los corazones y enervan las voluntades
pintando un mundo imaginario y disgustando del
verdadero. Son imputables en particular al naturalismo—no huelga repetirlo—las tendencias deterministas, con defectos de gusto y cierta falta
de selección artística; grave delito el primero, leve
el segundo, por haber incurrido en él los más ilustres de nuestros dramáticos y novelistas. Lo que
importa no son las berrugas de la superficie, sino
el fondo.

XVII.

EN INGLATERRA.

Hay gentes que, preciándose de gusto delicado, y repugnando la crudeza de los naturalistas franceses, ponderan la novela inglesa y encomian cierta manera de naturalismo mitigado que le es peculiar. Ya corre con fueros de opinión aristocrática y elegante la de la supremacía de la novela inglesa, así en el terreno moral como en el literario.

Por lo que hace á moralidad, el lector no ignora cuán infundados y erróneos son á veces los juicios generales: podrá, pues, explicarse fácilmente cómo en nuestra tierra católica y latina está en olor de santidad una literatura hija legítima del protestantismo y adecuada á las costumbres meticulosas, mojigatas, reservadas y egoístas que en la antigua *Isla de los Santos* aclimató el triste puritanismo unido al instinto mercantil de raza. Y no es que

Inglaterra no tenga sanas tradiciones realistas é ilustre abolengo literario. Chaucer, padre de su poesía, era ya un realista, y sus *Cuentos de Cantorbery*, cuadros tomados del natural; el astro mayor del firmamento británico, el egregio Shakespeare, llevó el realismo hasta donde no osará seguirle acaso ni Zola. Mas si florecieron tempranamente en la Gran Bretaña la poesía y el teatro, la novela nació tarde, cuando ya el país pertenecía irrevocablemente á la Reforma.

¡La Reforma! Donde quiera que prevaleció su espíritu, fué elemento de inferioridad literaria; y bien sabe Dios que no lo digo por encomiar el Catolicismo, cuya excelencia no pende de estas cuestiones estéticas, sino por dar á entender que la novela inglesa se resiente de su origen. De cuantos géneros se cultivaron en Inglaterra desde Enrique VIII acá, la novela es el que más infiltró el protestantismo: por eso los ingleses no produjeron un *Quijote*, es decir, una epopeya de la vida real que pueda ser comprendida por la humanidad entera.

Desde su misma cuna dominan en la novela inglesa tendencias utilitarias que la atan, digámoslo así, al suelo, y le impiden volar por los espacios sublimes que cruzó la libre y rauda fantasía de Shakespeare y Cervantes. Con tanto como ponderan á Foe dándole el pomposo dictado de *Homero del individualismo*, *Robinsón* no pasa de ser una obra incomparable... para los niños de dos á tres lustros. Swift, el misántropo coetáneo del autor de *Robin-*

són, es de más honda lectura, pero no le va en
zaga respecto á intenciones docentes, que al fin y
al cabo la sátira representa una dirección radical
del *docentismo*. El *Vicario de Wakefield*, de Gold-
smith, á .trechos suave idilio, grata pintura doméstica, encierra un ideal propiamente inglés,
patriarcalista: y mientras el ejemplo de las hijas
del *Vicario* enseña á huir de la vanidad, *Clarisa*
y *Pamela* condenan irrevocablemente la pasión,
y abren la serie de las novelas austeras, donde el
corazón rebelde es siempre vencido. En cuanto á
Walter Scott, no ha tenido descendencia legítima.
Walter Scott es un fenómeno aislado en la literatura inglesa, ó, para hablar con más exactitud, un
hijo de otra nacionalidad diferente, la escocesa,
que tiene de soñadora, idealista y poética lo que
la inglesa de práctica y utilitaria. No procede
Walter Scott de Shakespeare, no por cierto; más
tampoco discurre por sus venas la pacífica y pro-
saica sangre de Foe. Es el bardo que vive en un
pasado teñido de luz y color, semejante á ocaso
espléndido; que reanima la historia y la leyenda,
demandando tan sólo á la realidad aquel barniz
brillante nombrado por los románticos *color local*;
en suma, es el último cantor de las hermosas
edades caballerescas, *the last minstrel.*

Cuando Walter Scott evocaba desde la residen-
cia señorial de Abbotsford las tradiciones de su ro-
mancesca patria, empezaba ya á congregarse en
el campo de la novela inglesa la hueste de novelis-
tas-hembras que tanto influyó é influye en el ca-

rácter de aquel género literario, prestándole especial sabor pedagógico y ético: comenzaban las mujeres á conquistar el territorio que hoy señorean, y se leían con afán los *Cuentos morales* de miss Edgeworth, y sonaban los nombres de miss Mary Russell Milford, miss Austen, mistress Opie, lady Morgan, mistress Shelley. El elemento femenino, una vez dueño de la novela, ya no soltó la presa. Hoy se cuentan por docenas las *authoress* que hacen gemir anualmente las prensas de Londres con frutos de su ingenio, y desde que faltaron Dickens, Thackeray y Lytton Bulwer, el primer novelista inglés fué una mujer, Jorge Elliot.

A consecuencia de este predominio de la mujer, la novela inglesa propende á enseñar y predicar, más bien que á realizar la belleza. Apenas la hija del *clergyman* ase la péñola, se encuentra á la altura de su padre, y ¡oh inefable placer! ya puede ir y doctrinar á las gentes; no sólo posee una cátedra y un púlpito, sino que dispone de medios materiales para la propaganda de la fe. Escribe Carlota Yonge el *Heredero de Redcliffe*; véndese bien la edición, y con el producto compra la autora un navío y se lo regala á un obispo misionero. Así es que en las modernas novelistas inglesas llegó á extinguirse casi del todo aquel noble orgullo literario que aspira á la gloria ganada por medio de la concentración del talento y del esfuerzo constante hacia la perfección suma:—amor propio de artista, que tan varonilmente manifestó Jorge Sand;—y lejos de aspirar á producir obras hermo-

sas y duraderas, se lanzan al espumoso torrente de
la producción rápida, porfiando no á quién lo hará
mejor, sino á quién lo despachará más pronto. La
extensión obligada de las novelas inglesas son tres
gruesos tomos; y las *novelists* que están de moda,
como Frances Trollope, no se conforman con
menos de una novela por trimestre, ó sean doce tomos al año. ¡Qué estilo, qué invención, qué caracteres habrá que no inunde y devaste tan cauda-
loso río de tinta!

Y es que para la nación inglesa la novela ha llegado á ser artículo de primera necesidad y consu-
mo ordinario, como el *beefsteack* que repara sus
fuerzas, como el carbón cuyo calórico templa sus
días glaciales y alegra sus largas noches. Hay para
la novela concurrencia diaria y segura, lo mismo
que aquí para los cafés. Y la novela se hace eco de
las aspiraciones del lector, y cumple su oficio político, religioso y moral; se inspira en las exigencias
del público, y ya es filosófica como las de *Carlos
Reade*; ya republicana, igualitaria y socialista como
en *Joshua Davidson*; ya teológica como en *Carlota Yonge*; ya política como en *Disraeli*; ya fan-
tasmagórica del género de *Ana Radcliffe*, que todavía entretiene y gusta; ya histórica, al estilo de
Walter Scott, que aun cuenta discípulos. Los geó-
grafos y autores de *paisajes y marinas*, que siguen
las huellas de Fenimore Cooper—el capitán Mayne
Reyd, el capitán Marryat y otros capitanes—gozan
asimismo del favor de aquel pueblo viajero, coloni-
zador y *tourista*; y los norte-americanos Bret Harte

y Mark Twain cortan las nieblas de la atmósfera inglesa con unas chispas de *humorismo*, esa penosa
y dolorida jovialidad del Norte. Lisonjeadas así sus.
inclinaciones, atendido en sus gustos menos literarios que prácticos, el pueblo inglés á su vez consagra á los novelistas un cariño personal de que
aquí no conocemos ejemplo: díganlo los innumerables peregrinos que todos los años acuden en ro-
mería al presbiterio de Haworth, donde nació y
pasó los primeros años de su vida la novelista simpática que ilustró el pseudónimo de *Currer Bell.*
No es el lauro literario, es un afecto más íntimo el
que rodea de una aureola el nombre de los novelistas favoritos y caros á la nación británica; porque
la novela no se considera allí pasatiempo ni mero
deleite estético, sino una institución, el quinto poder del Estado, y porque, según dijo en público el
novelista Trollope, las novelas son los sermones de
la época actual. Su influencia se extiende, no sólo
á las costumbres, sino á las leyes, influyendo en las
deliberaciones de las Cámaras, en las continuas reformas que experimenta el Código de una nación
tan eminentemente conservadora. ¡Qué diversidad
de tierra! diremos con el protagonista de *Very
well.* No sino váyanle á proponer á este revuelto y
declamatorio Congreso español una modificación
legal sugerida, v. gr., por la lectura de la *Desheredada* ó de *Don Gonzalo González de la Gonzalera...*
y ya verán con qué homérica risa acogen la pro-
puesta nuestros graves padres de la patria!.

En Inglaterra, reconocido ya el dinamismo social

de la novela, todas las clases se jactan de poseer novelistas, y los hay ministros, marinos, diplomáticos y magistrados. Magistrados, sí; ¡y qué se diría acá en las Audiencias, Dios de Israel, si un presidente de sala publicase una novelita! Para dar á entender el influjo y acción de la novela en la raza sajona, baste citar una, *La choza de Tom,* cuyos efectos anti-esclavistas no ignora nadie.

Pero ¿y el naturalismo inglés? Vamos al caso del naturalismo. Repito que las tradiciones de la literatura inglesa son realistas, y añado que realistas fueron Dickens y Thackeray, quizás los nombres más ilustres que honran á la novela británica. Carlos Dickens no temió, en la entonada nación inglesa, descender al estudio de las últimas capas sociales, ladrones, asesinos y mendigos; Thackeray con más inclinación á la sátira, también estudió en el mundo que le rodeaba sus tipos característicos, de caricaturesco perfil. Y por lo que hace á Jorge Elliot, en cuyas obras resuena hoy la nota más aguda del naturalismo inglés, su programa es realista á la manera de Champfleury, proponiéndose por objeto de sus observaciones, no á las brillantes y excepcionales criaturas tan predilectas de los románticos, sino á la generalidad de los individuos, á los personajes comunes y corrientes, á la clase media, digámoslo así, de la humanidad. Pues con todo eso, hay en los novelistas ingleses, por muy realistas que sean, propósito moral y docente, empeño de corregir y convertir, afán de salvar al·lector—según dice con gracia un reciente historiador de la literatura británica—no del aburrimiento, sino del infierno, y esto se trasparenta lo mismo en la pietista Yonge, que en la libre pensadora y filósofa autora de *Adán Bede*, y les roba aquella serena objetividad necesaria para hacer una obra maestra de observación impersonal, según el método realista, y detiene su escalpelo antes de que llegue á lo íntimo de los tejidos y á los últimos pliegues del alma.

Parte de esta culpa debe imputarse al público, factor importantísimo de toda obra literaria. Según queda dicho, el público inglés pide incesantemente novelas, y no de las que saborea á solas en su gabinete el lector sibarita que gusta de admirar primores, contar filigranas y penetrar en abismos psicológicos, sino de las que se leen en familia y pueden escuchar todos los individuos de ella, inclusa la rubia *girl* y el imberbe *scholar*. A los autores que satisfacen esta necesidad, el público inglés les paga espléndidamente: la primera edición de una novela se vende á razón de unos tres duros el volumen, y la edición se agota pronto; de suerte que la multitud de honradas *misses* hijas de *clergymen*, en vez de ponerse á institutrices, se ponen á novelistas, y de su prolífica pluma brotan tomos de incoloro estilo, de incidentes enredados como los cabos de una madeja. De aquí la creciente inferioridad, el descenso del género.

Perdóneme la dilatada y fecunda familia de noveladores de allende el Estrecho si cometo injusticia al hablar de su general decadencia. Podré preciarme de conocer algunas obras suyas; pero ¿quién se alabará de haberlas leído todas? Mi juicio es el que emiten los críticos que consideran principalmente el aspecto literario, y en segundo lugar, como es justo, el moral, y ven que la fabricación precipitada y la sujeción al gusto del público redunda en perjuicio de las cualidades de frescura, inspiración y energía de pensamiento. Si sobre ese océano de cabezas vulgares descuella la noble frente de Jorge Elliot, ó se destaca la graciosa fisonomía de *Ouida*, lo cierto es que la mayoría de los novelistas ingleses se ha empeñado—exprésemoslo con una metáfora—en llenar tres jícaras con una onza de chocolate.

Por añadidura trae la novela inglesa—aun cuando es superior—tan fuertemente impresa la marca de otra religión, de otro clima, de otra sociedad, que á nosotros, los latinos, forzosamente nos parece exótica. ¿Cómo nos ha de gustar, v. gr., la predicadora metodista, heroína de *Adán Bede*? Ya sé que es de moda vestir con sastre inglés: mas la literatura, á Dios gracias, no depende enteramente de los caprichos de la moda. La malicia me sugiere una duda. Si la novela inglesa tiene hoy entre nosotros muchos admiradores oficiales, ¿tendrá otros tantos lectores?

XVIII.

EN ESPAÑA.

Allá por Inglaterra y Francia la novela tiene un *ayer*; acá en España, sólo un *anteayer*, si es lícito expresarse así. Allá los noveladores actuales se llaman hijos de Thackeray, Scott y Dickens, Sand, Hugo y Balzac, mientras acá apenas sabemos de nuestros padres, recordando sólo á ciertos abuelos de sangre muy hidalga, del linaje de los Cervantes, Hurtados, Espineles y otros apellidos no menos claros. Es tanto como decir que no hubo en España más novela que la del siglo de oro y la hoy floreciente.

Sin embargo, la vida de la novela contemporánea española puede ya dividirse en dos épocas distintas: la del reinado de Isabel II, y la que empezó con la revolución de Setiembre. Suscitó la guerra de la Independencia grandes poetas líricos; pero hasta que el torrente romántico salvó el Pirene, no

tuvimos novelistas. Walter Scott hizo su entrada
triunfal en nuestras letras, y comenzó el reinado
de la *novela histórica*. Muy curioso libro se podía
escribir por el estilo del *Horacio en España*, rese-
ñando las peregrinaciones de la idea *walteresco-
tiana* al través de los cerebros ibéricos. El espíritu
del bardo escocés encarnó en seres tan diversos
entre sí como Espronceda, Martínez de la Rosa,
Gil, Escosura, Cánovas del Castillo, Vicetto, Villoslada, Fernández y González y otros cuyos
nombres ahora no quieren venírseme á la memoria.
También se nos coló en casa Jorge Sand, traída de
la mano por su insigne compañera la Avellaneda,
y no se quedó atrás Eugenio Sué, apadrinado por
Pérez Escrich y Ayguáls de Izco.

Entre los *walterescotianos*, gente toda de provecho, se contaba uno que, á no haber derrochado
sus singulares facultades y empleado mal sus preciosas dotes, pudo llamarse, mejor que seide, rival
del autor de *Ivanhoe*. El ingenio de Fernández y
González semejaba árbol frondosísimo cuya madera servía para obras de talla y escultura; por desgracia la malgastó su dueño en mesas y bancos de
lo más común. ¡Riquísima fantasía y variada paleta descriptiva y numerosa invención la de Fernan-
dez y González! Al principio fué el poeta del pasado, que remozaba los libros de caballerías y pres-
taba á la tradición heroico-nacional esa vida nueva
que de vez en cuando le otorgan privilegiados
genios como Zorrilla, Walter Scott y Tennyson.
Cómo concluyó, nadie lo ignora: por entregas in-

terminables, por tomos vendidos á ínfimo precio, por obras de baja ley, escritas *pro pane lucrando*. Dos ó tres novelas de las primeras que dió á luz son las columnas en que se apoya su nombre para no caer en el olvido.

Acaso poseyó la simpática y tierna autora de *La Gaviota* el talento más original é independiente de cuantos se señalaron en el renacimiento de nuestra novela. A pesar de todas sus digresiones y reflexiones y su idílico optimismo, adornan á Fernán Caballero un encanto especial, una gracia característica suya, y ostenta una imaginación alemana en los ensueños y española en el despejo y viveza. Mientras los novelistas de su época metían en tinta lienzos de asunto histórico, á lo Walter Scott, Fernán tomaba apuntes de las costumbres que veía, de la gente que alentaba á su alrededor, pintando *asistentas*, bandidos, *gaviotas*, curas, pastores, labriegos y toreros, y algunas veces en sus bosquejos andaluces brillaba el sol del Mediodía, el que Fortuny condensó en sus cuadros. Hay *patio* de Fernán que no parece sino que lo estamos viendo y que nos alegra los ojos con sus flores, y el oído con el rumor del agua, el cacareo de las gallinas y la inocente charla de los niños. Más real, más sincera y sencilla inspiración es la de Fernán que la de casi todas las novelas de pendón y caldera, capa y espada, ó cimitarra y turbante, que se estilaban entonces.

Trueba no alcanza la talla de Fernán Caballero. Un país idólatra de sus propias tradiciones y recuerdos labró el pedestal en que se'encumbra el pintor vascuence, cuya paleta no atesora sino medias tintas y colores claros, graciosos, pero sin vigor ni intensidad. El verde, el rosa y el azul celeste dominan, faltando casi del todo los negros, las tierras, los betunes, de que Fernán mismo hizo uso con medida. Algunas escenas rurales de Trueba agradan, como agrada contemplar el curso de un riachuelo poco profundo y de márgenes amenas.

Selgas no describió campesinos, ni pertenece á la escuela de los paisajistas: era un Alfonso Karr, un violinista caprichoso que ejecutaba primorosas variaciones sobre un tema cualquiera, bordándolo de arabescos delicados y airosos. Más bien que novelista, fué un *humorista* cáustico, ingenioso y risueño, como suelen ser los humoristas en los paises donde el sol pica fuerte. Su estilo desigual se parecía á esos rostros de facciones irregulares que compensan la falta de corrección con la repentina luz de la sonrisa, ó con el fuego de la mirada. Selgas brinda al lector mucha grata sorpresa; regalándole, cuando no se percata, rasgos de observación, paradojales agudezas, frases felices, chispazos de ideas originales ó al menos presentadas de un modo picante y nuevo. Otro atractivo de Selgas es haber comenzado á estudiar la vida moderna en las grandes ciudades, dejándose de guerreros, moros, odaliscas y castellanas.

Ahora bien; si queremos buscar el eslabón que enlaza con la actual esa época anterior de la novela española, donde figuran Fernán, la Avellaneda, la

Coronado, Trueba, Selgas, Fernández y González y Miguel de los Santos Alvarez; esa época en que la novela humanitaria de Escrich convivía con la lírica y *vertheriana* de Pastor Díaz, y la cota de malla de Men Rodríguez y el brial de la Sigea se rozaban con el frac del héroe á quien sus malandanzas obligaron á emigrar *de Villahermosa á la China*; si queremos, repito, dar con la soldadura de los dos períodos, es fuerza escribir el nombre de D. Pedro Antonio de Alarcón.

Infiltrado de romanticismo hasta la médula de los huesos, *El final de Norma* deleitó á nuestros padres, lo mismo que el precioso capricho de Goya llamado *El sombrero de tres picos* nos deleita á nosotros; y he aquí cómo mi ilustre amigo Alarcón, sin llegar á viejo todavía, puede jactarse de haber cautivado á dos generaciones de gusto bien diferente. En efecto, los otros noveladores, los que ayer fueron regocijo de su edad, ya desaparecieron, arrastrados por la incontrastable corriente del tiempo, de nuestros actuales horizontes literarios, y los que no bajaron á la tumba muérense en vida, de la indiferencia del público inteligente, del desdeñoso silencio de la crítica, y en suma del olvido, que es la peor muerte para un escritor; mientras Alarcón, resistiéndose como el que más á aceptar las nuevas tendencias, reina aún, es dueño de los corazones y de las imaginaciones, y sostiene con sus hábiles manos el ruinoso edificio de la novela ¡dealista. No sé si habrá algún novelista contemporáneo que hechice al público como el autor de *El*

escándalo; no sé si existirá alguno tan leído y predilecto de todos, sin distinción de sexos ni edades;
pero sé que harta gente me pide prestada «una novela de Alarcón» con preferencia á las de otros autores. Y no es el público de Alarcón aquel que
devora con bestial apetito entregas y tomos de
Manini; es el que Spencer llamaría la *medianía ilus-
trada*; se compone de personas que demandan á la
novela entretenimiento ó, como se decía antaño,
honesto solaz, y abundan en él las damas. ¿Agra-
dará Alarcón por conservar aún cierto perfume romántico? Pienso que no: á los españoles les dan mucho que hacer los partidos políticos y poco que
pensar las escuelas literarias. Lo que atrae en Alarcón es el ingenio amable, «la buena sombra,» la
galantería morisca que respiran sus retratos de
mujer, tocados con pincel voluptuoso y brillante;
el estilo suelto, fácil y animado, el interés de las
narraciones, y en suma, una multitud de cualidades
ajenas al romanticismo y que no le deben nada á
nadie, salvo á Dios que se las privilegió con larga
mano. Si en los tipos de la *Pródiga*, del *Niño de
la Bola*, de *Fabián Conde* y de otros héroes y heroínas de Alarcón se descubre la filiación romántica, en cambio el ya citado *Sombrero de tres picos*
ostenta un colorido español neto, una frescura tal,
que le hacen en su género modelo acabado. Y es
que el ingenio de Alarcón gana con reducirse á
cuadros chicos: su cincel trabaja mejor exquisitos
camafeos, ágatas preciosas, que mármoles de gran
tamaño. Descuella en el cuento y la novela corta,

variedad literaria poco cultivada en nuestra tierra, y que Alarcón maneja con singular maestría. Por todas estas peregrinas dotes, es Alarcón poderoso mantenedor de la antigua divisa novelesca y temible adversario de la nueva; mas los del campo enemigo pedimos á Dios que no cuelgue la pluma conforme anunció. ¿Dictará su resolución la coquetería de retirarse cuando más le ama el público, dejando de sí memoria radiante? ¿Será por cansancio? Lo cierto es que se halla en la plenitud de sus facultades, y que jamás su fantasía pareció tan lozana como estos últimos años.

Con la retirada de Alarcón, pierde el idealismo el adalid más fuerte; Valera, aunque idealista, es un novelista aparte, que no formará escuela porque es recio de imitar, según se entiende á poco que reflexionemos en las condiciones que reune. La más alta valla que separa de Valera á la profana turba de imitadores, es su elegante y pura dicción, tomada, mejor que del espontáneo Cervantes, de los místicos, escritores castizos por excelencia. No sólo bebió en ellos Valera la limpieza un tanto arcáica de su estilo, sino el esmero y perspicacia con que escrutan y sondean los arcanos misteriosos del alma para explicarlos en frase de oro y párrafos de labrado marfil. Así es que, cuando se tradujeron al francés las novelas de Valera, bajo el título de *Narraciones andaluzas*, fué forzoso suprimir mucho de ellas, porque, según la *Révue littéraire*, contenían *trop de théologie*. Pensaban nuestros vecinos que las hijas de *Dom Valera* eran unas gitanas ale-

gres, armadas de castañuelas, dispuestas á bailar
seguidillas y jaleo, y se encontrárón con unas monjas contemporáneas de Santa Teresa y fray Luis de
Granada, que apenas dejaban asomar por entre los
pliegues de la toca sù bello rostro helénico, donde
lucía una sonrisilla volteriana! Con efecto, Valera
enamora á los sibaritas de las letras fundiendo la
nata y flor de tres ideales de belleza literaria: el
pagano, el de nuestro siglo de oro, y el de la más
refinada cultura moderna; á todo lo cual hay que
agregar una vena andaluza, dicharachera y jocosa.
Como además Valera es muy sagaz, muy psicólogo,
muy dueño de sí, parece que los hados le reserva-
ban en la novela española el lugar de Stendhal en
la francesa—un Stendhal perfeccionado, impecable
en la forma cuanto fué pecador el verdadero;—pero
á Valera le alejan del realismo varias cosas, y sobre todo su condición atildada y aristocrática, que
le mueve quizás á considerar el naturalismo como
algo tabernario y grosero, y la observación de lo
real como trabajo indigno de una mente prendada
de la hermosura clásica y suprema. Así es que el
mayor título de gloria de Valera será la forma, esa
forma aun más admirable aislada que relacionada
con los asuntos de algunas de sus obras.

No cabe duda que *Pepita Jiménez*, *Doña Luz* y
otras heroínas de Valera hablan muy bien, y con
muy concertadas y discretas razones; mas tampoco
puede negarse que, por desgracia, hoy nadie habla
así, á estilo de personaje de Cervantes. Y cuenta
que si nombro á Cervantes para encarecer la per-

fección con que disertan los héroes de Valera,
no omitiré advertir que el genio realista de Cervantes le impulsó á hacer que Sancho, por ejemplo,
hablase muy mal, y cometiese faltas, y que Don
Quijote le enmendase los *voquibles*. En Valera no
hay Sanchos, todos son Valeras, y esto hace que
se le estudie más bien como á un clásico que como
á un novelista moderno; lo cual para unos será
elogio y para otros censura, y allá se las hayan
que yo por mi parte leo á Valera hasta con nimia
delectación. Y si es cierta una teoría literaria que
hallé no sé en qué famoso crítico francés y esta-
blece que los novelistas copian la sociedad, pero
ésta á su vez imita y refleja á los novelistas, aun
pudiera ocurrir que nos entrase á todos tentación
de hablar como los héroes de.Valera, y redundaría
en pró del idioma. Dejemos á un lado hipótesis, y
pasemos á nombrar los novelistas que representan
en España el realismo.

XIX.

EN ESPAÑA.

Para decir dónde empieza el realismo español
contemporáneo, hay que remontarse á algunos pasajes de las novelas de Fernán Caballero, y sobre
todo á los autores de las *Escenas matritenses* y
Ayer, hoy y mañana, sin olvidar á *Fígaro* en sus
artículos de costumbres. A pesar de lo mucho que
se diferencian el razonable y discreto Mesonero
Romanos y el benévolo Florez del alado, cáustico
y nervioso Larra, sus estudios sociales coinciden en
cierto templado realismo, salpimentado de sátira.
Cuando tanta novela de aquella época pasó para
no volver, los escritos ligeros de *Fígaro* y del
Curioso Parlante se conservan en toda su frescura,
porque los embalsama la mirra preciosa de la
verdad. Acrecienta su interés el ser espejo de las
añejas costumbres nacionales que desaparecían y
las nuevas que venían á reemplazarlas; en suma,
de una completa trasformación social.

Pereda es descendiente en línea recta de aquellos donosos, perspicaces y amables *costumbristas*. Adhirióse francamente á su escuela, pero trasladándola de las ciudades al campo, al corazón de las montañas de Santandér. Bizarro adalid tiene en Pereda el realismo hispano: al leer algunas páginas del insigne autor de las *Escenas montañesas*, parece que vemos resucitar á Teniers ó á Tirso de Molina. Puédese comparar el talento de Pereda á un huerto hermoso, bien regado, bien cultivado, oreado por aromáticas y salubres auras campestres, pero de limitados horizontes: me daré prisa á explicar esto de los horizontes, no sea que alguien lo entienda de un modo ofensivo para el simpático escritor. No sé si con deliberado propósito ó porque á ello le obliga el residir donde reside, Pereda se concreta á describir y narrar tipos y costumbres santanderinas, encerrándose así en breve círculo de asuntos y personajes. Descuella como pintor de un país determinado, como poeta bucólico de una campiña siempre igual, y jamás intentó estudiar á fondo los medios civilizados, la vida moderna en las grandes capitales, vida que le es antipática y de la cual abomina; por eso califiqué de limitado el horizonte de Pereda, y por eso cumple declarar que si desde el huerto de Pereda no se descubre extenso panorama, en cambio el sitio es de lo más amenò, fértil y deleitable que se conoce.

Pereda, á Dios gracias, no cae en el optimismo, á veces empalagoso, de Trueba y Fernán: al contrario, sus paletos, por otra parte divertidísimos, se muestran ignorantes, maliciosos y zafios, como los paletos de veras, y no obstante, los tales rústicos son hijos predilectos del autor, á quien visiblemente enamora la sana, apacible y regeneradora vida rural, tanto como le repugnan los centros obreros é industriales y su desconsolada miseria. Pereda traza con amor los perfiles de jándalos, labriegos y mayorazguetes de aldea, gente sencilla, apegada á lo que de antiguo conoce, rutinaria y sin muchos repliegues psíquicos. Si algún día concluyen por agotársele los temas de la *tierruca*—peligro no inminente para un ingenio como el de Pereda—por fuerza habrá de salir de sus favoritos cuadros regionales y buscar nuevos rumbos. No falta, entre los numerosos y apasionados admiradores de Pereda, quien desea ardientemente que varíe la tocata: yo ignoro si el hacerlo sería ventajoso para el gran escritor; siempre reina cierta misteriosa armonía entre el estilo y facultades de un autor y los asuntos que elige; esta concordia procede de causas íntimas; además el realismo perdería mucho si Pereda saliese de la montaña. Pereda observa con gran lucidez cuando la realidad que tiene delante no subleva su alma, antes le divierte con el espectáculo de ridiculeces y manías profundamente cómicas; pero acaso rompiese el pincel por no copiar las llagas más hediondas y la corrupción más refinada de otros sitios y otras gentes.

Para el realismo, poseer á Pereda es poseer un tesoro, no sólo por lo que vale, sino por las ideas religiosas y políticas que profesa. Pereda es argu-

mento vivo y palpable demostración de que el
realismo no fué introducido en España como mer-
cancía francesa de contrabando, sino que los que
aman juntamente la tradición literaria y las demás
tradiciones, lo resucitan. Cosa que no cogerá de
nuevo á los inteligentes, pero sí á la turba innu-
merable que cuenta la era realista desde el advenimiento de Zola.

Si Pereda tiene el realismo en la masa de la
sangre, no así Galdós. Por cierto fondo humano y
cierta sencillez magistral de sus creaciones, por
la natural tendencia de su claro entendimiento
hacia la verdad, y por la franqueza de su observación, el egregio novelista se halló siempre dispuesto
á pasarse al naturalismo con armas y bagajes; pero
sus inclinaciones estéticas eran idealistas, y sólo en
sus últimas obras ha adoptado el método de la
novela moderna y ahondado más y más en el corazón humano, y roto de una vez con lo pintoresco
y con los personajes representativos para abrazarse
á la tierra que pisamos. Aunque no gusto de citar-
me á mí misma, he de recordar aquí lo que dije de
Galdós, hará sobre tres años, en un estudio no muy
breve que consagré á sus obras en la *Revista Eu-
ropea*. Desde aquella fecha, mis opiniones literarias
se han modificado bastante, y mi criterio estético
se formó como se forma el de todo el mundo, por
medio de la lectura y de la reflexión; desde entonces me propuse conocer la novela moderna, y no
sólo llegó á parecerme el género más comprensivo
é importante en la actualidad, y más propio de

nuestro siglo, que reemplaza y llena el hueco producido por la muerte de la epopeya, sino el género en que, por altísima prerrogativa, los fueros de la verdad se imponen, la observación desinteresada reina, y la historia positiva de nuestra época ha de quedar escrita con caracteres de oro. No obstante, entonces como hoy, Galdós era para mí novelista de primer orden, sol del firmamento literario, porque en él se reunen las dotes de equilibrio y armonía, abundancia y vigor; porque su estilo, si no cabe en la estrecha y cincelada ánfora de Valera, fluye á oleadas de una urna preciosa; porque posee felicísima inventiva y ese don de la fecundidad, don funesto para los malos escritores y aun para los medianos que propenden á dormitar, prenda de valor inestimable para los grandes artistas. Con una sola novela ó con un fragmento de oda puede ganarse la inmortalidad, es cierto; pero hay algo que cautiva y suspende en la manifestación de la energía creadora de esos escritores y poetas que son ellos solos un mundo, y que dejan en pos de sí larga posteridad de héroes y heroínas; los Shakespeare, los Balzac, los Walter Scott, los Galdós.

Mas lo que desaprobaba entonces en el Galdós de los *Episodios*, lo que me parecía el lado flaco de su extraordinario talento, era la tendencia docente—en un sentido amplio é histórico, es cierto, pero docente al cabo—el alegato sistemático contra la España antigua, las paletadas de tierra arrojadas sobre lo que fué; y esta tendencia, que cada vez se iba acentuando más en la magnífica epopeya de los *Episodios*, hasta declararse explícitamente en la segunda serie, hizo explosión, digámoslo así, en *Doña Perfecta*, en *Gloria*, en la *Familia de León Roch*, novelas trascendentalísimas, de tesis, y hasta simbólicas. Por fortuna, ó más bien por el tino que guía al genio, Galdós retrocedió para huir de ese callejón sin salida, y en *El Amigo Manso* y en *La desheredada* comprendió que la novela hoy, más que enseñar ó condenar estos ó aquellos ideales políticos, ha de tomar nota de la verdad ambiente y realizar con libertad y desembarazo la hermosura. ¡Bien haya el ilustre escritor, bien haya por haber sacudido el yugo de ideas preconcebidas! Sus desposorios con el realismo le preservarán de la tentación de hacerse en sus novelas paladín del libre pensamiento y del sistema constitucional, cosas que yo aquí no juzgo, pero que en los admirables libros de Galdós no hacen falta como *espíritu informante*.

Contando, pues, en la falange realista á Galdós y Pereda, como en la idealista hemos visto descollar las figuras de Valera y Alarcón, podemos decir que en España está entablada la lucha—lo mismo que en Francia—entre las dos escuelas. Es verdad que aquí la batalla se da callandito y sin gran ardor bélico; es verdad que aquí no se toma la cuestión—¡qué se ha de tomar!—con el calor que en Francia; puede consistir en varias cosas; en que aquí los idealistas no se van tan por los cerros de Úbeda como allá, ni los realistas recargan tanto el cuadro, ó sea que ninguna de las dos escuelas exagera por diferenciarse de la otra; ó acaso en que el público es indiferente á la literatura, sobre todo á la *impresa*; la *representada* le produce más efecto.

El escritor es un factor de la producción literaria, mas no olvidemos que el otro es el público; al escritor toca escribir, y al público animarle y comprar y poner en las nubes, si lo merece, lo escrito; pues bien, en España casi no se puede contar con el público; la amante del público español no es la literatura, es la política, y sólo cuando esta querida imperiosa le deja unos minutos libres, se le ocurre decir á las letras algún requiebro é ir á buscarlas al rincón donde se empeñan en no morirse de tedio. No afirmo yo que las novelas carezcan en absoluto de lectores, si bien la novela, en nuestra tierra de garbanzos, dista mucho de ser, como en Inglaterra, una necesidad social; pero aquí, que no somos ni comunistas ni tacaños, guardamos el comunismo y la tacañería para las novelas, y todo el mundo se asusta de que una novela cueste tres pesetas y hasta dos, como la primera edición de los *Episodios*. Dos pesetas se gastan pronto en el café, en una butaca para el teatro, en cohetes, en naranjas, ¡pero en una novela! Todo español se tienta el bolsillo. Novela tengo yo de Alarcón, Valera ó Galdós, que ya he prestado á una docena de personas acomodadas, y á cada una que me la pide le aconsejaría, por su bien, que la comprase, á no recelar que atribuyese el consejo á mala voluntad de no prestarla. En fin, ¿qué más? ¡hubo quien me pidió prestadas mis propias novelas!

Y sin embargo, no sé si llegaría á cincuenta duros
lo que costase formar una biblioteca completa de
novelistas españoles contemporáneos.

¿Qué puede esperar aquí el novelista? Fijemos el
plazo de medio año para *planear*, madurar, escribir y limar una novela, esmerada en la forma y
meditada en el fondo: ¿cuál es el producto? Valera
declara que su *Pepita Jiménez*—su perla—le habrá
valido unos ocho mil reales. ¡De suerte que no as-
ciende á mil duros al año lo que el ingenio nove-
lesco de Valera puede reportar! Casi comprendo
que prefiera la embajada.

Y es de advertir que si el novelista español no
saca provecho materialmente hablando, tampoco
gana mucha honra, ni esas ovaciones embriagado-
ras que elevan veinte palmos del suelo á los autores dramáticos. Para éstos son todas las ventajas,
las pecuniarias y las literarias, amén de verse libres
y exentos de la innoble competencia que la novela
por entregas y las malas traducciones del francés
hacen á los noveladores que se precian de respetar
el idioma y el sentido común.

Y no me diga nadie que la cuestión de dinero es
baladí, y que basta con la prez de haber escrito
algo bueno, aunque nadie manifieste estimarlo. Si
el sacerdote vive del altar, ¿por qué no ha de vivir
el novelista de la novela? Y puesto caso que no ne-
cesite para vivir lo que la novela produzca, ¿no ha
de apreciar el dinero, única señal evidente de que
no le falta público? Con este sistema de empréstito
que se estila en España, una novela puede tener

treinta mil lectores y sólo mil ejemplares de edición.

Entre las causas que hacen improductiva la novela en España, no debería contarse la escasez de lectores, pues nosotros tenemos un público inmenso, si atendemos á las repúblicas de Sud-América que hablan nuestro idioma. Pero gracias á la indiferencia con que se mira cuanto á las letras atañe, los libreros é impresores de por allá pueden saquear á los escritores hispanos muy á su sabor, y ese público ultramarino resulta estéril para la prosperidad de la literatura ibera.

Así es que, bien considerado, todavía es admirable que gocemos de tantos buenos novelistas en España, y de tanta excelente novela, y que en ese género, que Gil y Zárate y Coll y Vehi ponen á la cola y hoy marcha á la cabeza de los demás, nos hallemos á la altura de las primeras naciones europeas. No contamos por docenas los grandes novelistas vivos, pero tampoco los cuenta Francia, ni menos, que yo sepa, Inglaterra, Alemania é Italia. Comparadas obras con obras, no cede nuestra patria el paso. Además de Pereda, Galdós, Alarcón y Valera, de quienes más especialmente traté, hay la cohorte donde figuran Navarrete, Ortega Munilla, Castro y Serrano, Coello, Teresa Arroniz, Villoslada, Palacio Valdés, Amós Escalante, Oller, unos representando los antiguos métodos, otros los nuevos, pero todos enriqueciendo la novela patria.

¡Quiera Dios que el homenaje públicamente tri-

butado á Pérez Galdós estos días sea indicio cierto
de que el público empieza á recompensar los esfuerzos de la falange sagrada! ¡Quiera Dios que el
entusiasmo no se disipe como la espuma del Cham-
pagne con que brindaron!

XX....

Y ÚLTIMO.

Hemos llegado al fin de la jornada, no porque se agotase la materia, sino porque se cumplió mi propósito de reseñar la historia del naturalismo, sobre todo en la novela, campo donde con más lozanía crece esa planta tenida por ponzoñosa. Tela queda cortada, no obstante, para el que venga atrás: aparte del interesantísimo estudio que podrá hacer sobre la novela italiana, alemana, portuguesa y rusa— en todas ellas ha penetrado, con más ó menos pujanza, el espíritu del realismo—le dejo intacto y virgen el casi pavoroso problema de la renovación del arte dramático y la poesía lírica por medio del método naturalista. Yo bien diría mi parecer acerca de todo eso que paso por alto; sólo que si de la novela italiana, rusa y alemana conozco lo más culminante,—las obras de Farina, Turgueneff, Ebers, Freytag, Sacher Masoch,—

apenas me formo clara idea del conjunto, y sentiría proceder con esas literaturas del modo que suelen los críticos franceses con la nuestra, hablando á tun tun y sin conocimiento de causa; y por lo que hace al naturalismo en las tablas, se me ocurren tantas cosas, y algunas tan peregrinas y desusadas por acá, que me sería forzoso escribir otro libro si había de exponerlas debidamente. Quédese para pluma más experta en achaque de literatura dramática.

Tocante al naturalismo en general, ya queda establecido que, descartada la perniciosa herejía de negar la libertad humana, no puede imputársele otro género de delito; verdad que éste es grave, como que anula toda responsabilidad, y por consiguiente, toda moral; pero semejante error no será inherente al realismo mientras la ciencia positiva no establezca que los que nos tenemos por racionales somos bestias horribles é inmundas como los *yahús* de Swift, y vivimos esclavos del ciego instinto y regidos por las sugestiones de la materia. Antes al contrario, de todos los territorios que puede explorar el novelista realista y reflexivo, el más rico, el más variado é interesante es sin duda el psicológico, y la influencia innegable del cuerpo en el alma y viceversa, le brinda magnífico tesoro de observaciones y experimentos.

Sin detenerme en el punto anterior, ya suficientemente tratado, no quiero omitir que si abundan los acusadores rutinarios del naturalismo, en cambio no falta quien asegure que no existe, ó

que bien mirado es idéntico al idealismo, como dicen algunos historiadores de la filosofía que son,
en el fondo, Platón y Aristóteles. Y hay autores,
por más señas realistas hasta los tuétanos, que repugnan ser clasificados con el nombre de tales, y
protestan que al escribir sólo obedecen á su complexión literaria, sin ceñirse á los preceptos de escuela alguna: así el insigne Pereda, en el prólogo
de *De tal palo tal astilla*. ¿A quién no agrada bla-
sonar de independiente, y quién no se cree exento
del influjo, no sólo de otros autores, sino hasta del
ambiente intelectual que respira? No obstante, ni
al mayor ingenio es lícito jactarse de tal exención;
todo el mundo, sépalo ó no, quiéralo ó no, pertenece á una escuela á la cual la posteridad le afilia
no respetando sus protestaciones y atendiendo á
sus actos. La posteridad, ó dígase los sabios, eruditos y críticos futuros, procediendo con orden y
lógica, pondrán á cada escritor donde deba hallarse, y dividirán, y clasificarán y considerarán á los
más claros genios como representantes de una
época literaria; así se hará mañana, porque así se
hizo siempre. ¡Ay del autor á quien no reclame para
sí escuela alguna! Los más excelsos artistas están
clasificados: sabemos qué fueron — según rasgos
generales, y por modo eminente—Homero y Es-
quilo, Dante y Shakespeare. ¿Pierde algo Fr. Luis
de Leon porque se le llame poeta neo-clásico y ho-
raciano? ¿Vale menos Espronceda por *byroniano* y
romántico? ¿Es mengua de Velázquez ser pintor
realista?

Una ventaja tenemos hoy, y es que la preceptíva y la estética no se construyen *á priori*, y las clasificaciones ya no son artificiosas y reglamentarias, ni se consideran inmutables, ni se sujetan á ellas los ingenios venideros, antes ellas son las que se modifican cuando hace falta. Se ha invertido el papel de la crítica, ó mejor dicho, se le ha señalado su verdadero puesto de ciencia de observación, suprimiendo sus enfadosos dogmatismos y su impertinente formulario. En el día, la crítica se concierta á los grandes escritores, pasados y presentes, y los define, no como debieron ser en opinión del preceptista, sino como ellos se manifestaron, y el árbol es conocido por sus frutos. Así el artista independiente que repugna las clasificaciones arbitrarias no tiene por qué sublevarse contra la crítica nueva, cuyo oficio no es corregir y distribuir palmetazos, sino estudiar y tratar de comprender y explicar lo que existe.

Hoy más que nunca se proclama que, dentro de cualquier dirección artística, conviene al individuo conservar como oro en paño su carácter propio y afirmarlo y desenvolverlo lo más constante y enérgicamente que sepa, y que de esa afirmación y conservación y desarrollo pende, en última instancia, el sabor y colorido de sus obras. Ya es casi una perogrullada decir que cada cual debe abundar en su propio sentido, y de hecho, si inventariamos á un autor según sus rasgos generales, lo distinguimos después por los particulares, del modo que suelen las hermosuras dividirse en tipos morenos, rubios y castaños, y cada uno de ellos posee sus peculiares gracias y fisonomía.

Zola siente acertadamente que el naturalismo más se ha de considerar método que escuela; método de observación y experimentación, que cada cual emplea como puede; instrumento que todos manejan en diferente guisa. Tengo para mí que en esto hemos adelantado, y que se parecían más entre sí dos líricos, ó dos autores dramáticos antiguos, de lo que se parecen hoy, por ejemplo, dos novelistas. Pienso que antes eran las escuelas más tiránicas y menos abundante el juego de los registros que podía tocar un autor. Hasta en copiarse unos á otros se me figura que hacían menos escrúpulo los antiguos. No me concierne decir si los estudios que hoy termino ayudarán al conocimiento de las tendencias de las nuevas formas y á la demostración de que llevan la mejor parte en la lid y son dueñas y señoras del último tercio de nuestro siglo. Yo no desconozco la gallardía, la riqueza, la fecundidad de otras formas hoy espirantes, ni trato de probar que las que se nos van imponiendo sean límite fatal de la humana inteligencia, que, ávida de belleza, la buscará siempre consultando con ansiosa ojeada los más remotos puntos del horizonte. La belleza literaria, que es en cierto modo eterna, es en otro eminentemente mudable, y se renueva como se renueva la atmósfera, como se renueva la vida. No pronostico, pues, el perenne reinado, sino sólo el advenimiento del realismo; y añado que su noción fundamental es imperecedera, y que su método será tan fértil en resultados dentro de diez siglos como ahora.

Un fiel pintor de paisaje no pone en la paleta para copiar el sol y el firmamento de Andalucía las mismas tintas que empleó para celajes del Norte. En España, realismo y naturalismo han de tener muy distinto color que en Francia. Es el realismo tradición de nuestra literatura y arte en general; nuestros narradores se distinguieron por la frase gráfica y la observación franca y sincera; y desde los tiempos gloriosos de nuestra mayor prosperidad intelectual, Cervantes hizo al lector trabar conocimiento con jiferos y rameras, arrieros, galeotes y pícaros de la hampa, y lo condujo á la almadraba y á la casa *non sancta* de la *Tía Fingida*; que por entónces no se le daban á la literatura polvos de arroz, ni nadie la perfumaba con almizcle, ni era remilgada damisela atacada de vapores y desmayos, sino matrona robusta y bizarra, enamorada de la vida real y de la aventurera y heroica existencia del Renacimiento. Pues bien, hoy que los tiempos han cambiado, tanto se engañará quien piense que podemos repetir en todo aquella novela picaresca, como quien pretenda calcar servilmente la francesa contemporánea. Nuestro pueblo no es el de Bougival, ni el del arrabal de San Antonio, ni el que frecuenta el *Assommoir*; nuestras damas no se asemejan á *Renée*, la esposa de *Rougon*, ni nuestras comediantas á la *Faustin*; pero tampoco hoy viven los huéspedes de *Monipodio*, ni la heroina de *La fuerza de la sangre*, ni *Preciosa* la

gitanilla, ni... ¿á qué cansarnos? La España actual
no es la del siglo xvi, ni menos es Francia, y las
novelas contemporáneas españolas tienen que tra-
tarla en su verdadera figura.

No estamos muy lucidos, en cierto respecto, los
iberos; mas los pensadores de la nación vecina hablan de una cosa terrible que llaman *finis Galliæ*
y explica las sombrías tintas del naturalismo francés. Acá, los que estudiamos el pueblo, no ya en
las aldeas, no en las comarcas montañosas, que
gozan fama de morigeradas costumbres, sino en
un centro obrero y fabril, notamos—sin pecar de
optimistas—que, á Dios gracias, nuestras últimas
capas sociales se diferencian bastante de las que
pintan los Goncourt y Zola. Así el realismo, que
es un instrumento de comprobación exacta, da en
cada país la medida del estado moral, bien como
el esfigmógrafo registra la pulsación normal de un
sano y el tumultuoso latir del pulso de un febri-
citante.

Dije al principio de estos artículos que me con-
cretaría á exponer el naturalismo con imparcialidad, y en efecto, me esmeré en señalar los que
tengo por errores y vicios suyos, lo mismo que los
que me parecen aciertos singulares. Recompensó
mis esfuerzos la atención que el público otorgó á
esta serie: — atención extraordinaria comparada
con la que acostumbra conceder á trabajos de
orden puramente crítico é histórico.—El interés
con que se buscaron y leyeron mis artículos; las
observaciones, felicitaciones y elogios ardentísimos

que les prodigaron varones eminentes; las voces que ya en són de aprobación, ya de protesta, llegaron á mis oidos, probáronme, no la excelencia de mi trabajo (cuyos defectos no se me ocultan), sino su oportunidad, y si la frase no parece inmodesta, lo muy necesario que en la república de las letras era ya alguien que tratase despacio la cuestión á la vez trillada y árdua y, sobre todo, realmente *palpitante*, del naturalismo.

Lo que me resta desear es que venga en pós de mí otro que con más brío, más ciencia y autoridad que yo, esclarezca lo que dejé oscuro, y perfeccione lo que imperfecto salió de mis manos.

RESPUESTA

Á LA EPÍSTOLA

DEL SEÑOR MARQUÉS DE PREMIO-REAL (1).

EN INGLATERRA.

·Muy señor mío: La cortés epístola que V. se ha servido dirigirme en las columnas de *La Época*, correspondiente al domingo 8 del actual, puede dividirse en dos partes. Redúcese la primera á dedicarme elogios inmerecidos y referir cómo llegaron á conocimiento de V. mis obras literarias; la segun· da á impugnar algunos hechos y opiniones contenidas en el artículo xvii de la serie que bajo el epígrafe de *La cuestión palpitante* he publicado.

A la primera parte de su epístola no tengo, pues, nada que contestar, como no sea inclinarme agradeciendo las alabanzas, aceptando la amistad que

---

(1) Insértase esta respuesta por aclararse en ella algunos puntos tocados muy de paso en el discutido artículo xvii.

me brinda, y dispensando de buen grado la ceremonia sajona de la previa presentación, abrogada en la campechanísima república de las letras, donde todos nos introducimos en casa de la persona más respetable para nosotros—el público—sin más padrinos que nuestro propio arresto y desenfado. Respecto á la segunda, empiezo advirtiendo que no es V. el primero en poner objeciones á *La cuestión palpitante*, y que yo había resuelto no responder sino á los impugnadores de todo el cuerpo de doctrinas que contiene la serie, si alguno se presentaba; obedeciendo esta determinación al deseo de que la polémica tuviese carácter grave y tal vez redundase en beneficio de las letras españolas. Mas su epístola de V. no sólo censura doctrinas mías, pero niega hechos concretos que cité en su apoyo: ya no puedo hacerme la desentendida.

Empieza V. á objetarme diciendo que le falta espacio para demostrar la gran diferencia que existe entre el realismo de Shakespeare y el de Zola. Si se refiere V. á diferencias de método, de concepto filosófico, y sobre todo históricas, no creo piense usted que las desconozco, cuando precisamente toda mi serie de artículos está basada en la idea de la incesante trasformación que sufre la literatura, adaptándose, ó mejor dicho, concertándose á la edad en que nace y vive; pero si (como se desprende del sentido del párrafo) lo que quiere V. dar á entender es que Shakespeare fué más pulcro y comedido que Zola, y presentó la realidad envuelta en más tupidos cendales, entonces sostengo mi afirmación de que el gran autor de *Midsummer night's dream* llegó hasta donde Zola, con todo su naturalismo, no osará seguirle. ¡Shakespeare! Un año entero le traduje en alta voz, en unas reuniones íntimas, casi de familia, con que engañábamos las noches en esta su casa; y aunque á ellas no asistían doncellitas inocentes, en mi vida me he visto en tales aprietos, variando acá y saltando acullá pasajes que no eran para leídos. V. me encarga que repase el texto *shakesperiano*. Bien, pues haga usted el favor de acompañarme y lo repasaremos á medias: yo indicaré el pasaje, V. lo recorrerá y me dirá luego qué le parece de él.

Descartemos el *Titus Andronicus*, que sea original ó sólo refundido por Shakespeare, siempre es un espeluznante dramón, y hablemos sólo de las obras maestras. ¿Recuerda V. en *Hamlet* los groseros equívocos con que éste abochorna á Ofelia (acto 3.°, escena II); *That's a fair thought... It would cost you...* y los consejos que da á la reina (acto 3.°, escena IV) *Let the bloat King...* diálogo entre un hijo y una madre que ningún autor dramático se atreviera hoy á escribir? ¿Se ha fijado V. en varios pasajes de *Otelo*, desde lo que *Yago* dice á *Brabancio* (acto 1.°, escena I) *Even now, even now, an old black ram...* y lo que diserta con *Rodrigo* (acto 1.°, escena III) *If the balance of our lives...* hasta la escena III del acto 3.°, donde el mismo *Yago* enciende la sangre del moro: *O, beware, my lord...* y todos los cuadros que después le pinta? ¿Qué me cuenta V. de *Romeo and*

Juliet, con aquella conjuración de *Mercucio* (acto 2.°, escena I) *by her fine foot, straight leg…* y aquellas chanzonetas subidas de·color que se permite la *nurse*, cuando en el mismo acto 2.° escena V, exclama dirigiéndose á Julieta, *Then hie you hence?…* ¿Y *All's well that ends well?* ¿Cómo se las compondría V. para referir á una dama el argumento (del cual han hecho recientemente una opereta que escandalizó á los nacidos y dió pie á la gente gárrula para declamar contra el impudor del moderno teatro)? ¿Cree V. que, así y todo, el libretista contemporáneo habrá osado reproducir textualmente pláticas como la del acto 1.°, escena I, entre *Parolles* y *Helena*, ó el convenio entre *Beltrán* y *Diana*, «*When midnight comes…?*»

Por mucho que Zola extreme la grosería exterior, ¿llegará á cosas tan indecorosas como es la escena cuarta del acto tercero de *King Henry V*, la lección de inglés que da á la princesa *Catalina de Francia* su camarista *Alicia?* Por mucho que acentúe la nota horrible, ¿alcanzará al episodio del ojo arrancado y pisoteado, en *King Lear?* ¿Hay estudio más cruel de la flaqueza humana que la escena en que *Ricardo III*, asesino de los hijos de *Eduardo*, pide á la madre de las inocentes víctimas la mano de su hija, y deposita en su frente un beso filial? ¿Qué le quedó á Shakespeare por analizar, ni qué respetó su musa, después de presentarnos á los príncipes de Gales *corriéndola* (no encuentro palabra más expresiva) con los *Falstaff* y los *Poins* y tomando la corona de la frente del agonizante padre, y á los magnates y obispos tratándose como se tratan *Gloster* y *Winchester* en la escena cuarta del acto quinto de *King Henry VI*, y al severo *Angelo* de *Measure for measure* murmurando al oído de *Isabel «fit thy consent to...?»* En fin, señor Marqués, el lector se impacientará de tanta cita inglesa; mas si á V. le parecen pocas, dispuesta estoy á multiplicarlas, porque aun perdoné la mención de *Troilus and Cressida*, que, como V. sabrá, es la madre de las actuales desvergonzadas óperas bufas, y de *Merry wives of Windsor*, donde hay sal y pimienta y hasta guindillas valencianas, y de otras mil cosas de Shakespeare ante las cuales—insisto en ello—se queda Zola tamañito.

Y ahora dígame V. por su vida: ¿dejará Shakespeare de ser un genio portentoso y único en Inglaterra porque yo haya tenido que comerme pasajes del texto shakesperiano cuando lo leía de recio? ¿Serán superiores á él, podrán siquiera mirarle sin cegar con su luz esos *novelists* de ambos sexos que amenizan las veladas del *home* británico? Reconozcamos de una vez que la belleza de la obra de arte no consiste en que se pueda leer en familia: es más; creo que apenas existirá familia en el mundo cuyos individuos tengan todos la inteligencia al diapasón de las obras maestras de alta literatura; y añado que ni los mismos escritores místicos, ni la sublime Imitación, ni la Biblia, ni el Evangelio, son para todas las cabezas. Los protestantes, metiendo este divino libro en manos indoctas, hicieron hartos fanáticos y muchos locos de atar.

Le llama á V. la atención mi aserto de que donde quiera que prevaleció el espíritu de la Reforma, fué elemento de inferioridad literaria. No sé si se fijó V. en el valor de la palabra *espíritu*. Por prevalecer el espíritu entiendo yo, y creo que entiende todo el mundo, no la victoria material, sino el predominio moral y completo en las costumbres sociales y en los ideales artísticos. Así es que Alemania no es argumento en contra de mi tesis, porque allí el protestantismo no logró nunca hacer la sociedad y las letras á su imagen. Inglaterra, Suiza, Norte América, son los países donde el espíritu reformista logró infiltrarse y dominar; Inglaterra, al enterrar con Shakespeare la última savia católica, enterró también, para siempre, el drama; suizos y *yankees* ya sabemos lo que han dado de sí. Por lo demás, el aserto no es hallazgo mío; lo deduje de la lectura de Taine, autor poco sospechoso de parcialidad católica.

Acúsame V. de demasiado severa con mis compañeras las novelistas británicas. Lo sentiría si fuese verdad, porque me parecen dèl peor gusto las envidillas entre señoras; pero me tranquiliza el haber dicho que desde la muerte de Dickens, Bulwer y Thackeray, el cetro de la novela inglesa pertenece á la ilustre Jorge Elliot. También asegura V. que mis observaciones sobre la influencia de las autoras hijas de clérigos pierden su valor, porque éstas sólo componen una mínima parte de las damas que escriben. Pues fijémonos sólo en las novelistas más conocidas, y resulta que deben el sér á ministros, rectores y vicarios, *Jane Austen, Jorge Elliot, Frances Trollope* (tronco de la numerosa y célebre familia novelista *Trollope)*, las tres nombradísimas *Currer, Ellis* y *Acton Bell, Eliza Linn Linton, Elizabeth Gaskell* (hija de un *reverendo* y mujer de otro, por más señas). Si esto sucede con las principales, lo mismo pasará con las secundarias: por lo demás, claro está que no pretendo que todas las *novelists* sean hijas de *clergymen*; ya sé que las hay hasta *ladies,* en el sentido restrictivo de la palabra, y que la primer *authoress* de Inglaterra—por orden de jerarquía social—es la Reina Victoria. Mas no por eso es menos cierto lo que digo del carácter predicador que aquellas diaconisas imprimen á las letras, y de lo que se esmeran, como miss Yonge y miss Sewell, en usar su pluma *in aid of religion.*

No cité á Ouida y J. Elliot como únicos que se destacan sobre un océano de cabezas vulgares, pero confieso ingenuamente no conocer á las autoras ó autores de esas novelas de relevante mérito, publicadas en los seis últimos meses y que V. nombra (á excepción de *Miss Oliphant,* de la cual tengo noticia). A las demás *mistress, misters y ladies* Greville, Diehl, Ridell, Adams, Cashel Hoey, Gérard, Say, las he buscado en balde, no sólo en el *Diccionario biográfico de escritores contemporáneos* de Gubernatis (obra bastante incompleta, es cierto), sino en la detallada reseña que de la literatura inglesa contemporánea hace el volumen 2.000 de la colección Tauchnitz, sin poder dar con ellas ni tropezarlas en Revista alguna de las que leo para seguir el movimiento literario. Estarán, pues, esos y esas novelistas en la aurora de su celebridad, y yo no puedo (según indico en mi artículo sobre la novela inglesa) leer cuanta novela se imprime en Inglaterra, ni siquiera la mitad ó la cuarta parte; cuando la fama, salvando el Estrecho, trompetea una y otra vez un nombre de autor y lo levanta á la altura, no ya del de Dickens ó Elliot, pero al menos del de Ouida ó miss Braddon, es cuando los extranjeros podemos atrevernos á pedir sus obras, sin temor de que nos pase como á cierto amigo mío, que se perecía por los estrenos y compraba muy cara la butaca, y luego salía renegando de haber gastado tanto dinero en aburrirse y oir simplezas.

He respondido á lo concreto; tocante á aquello que empieza V. á devanar, en mis artículos constan mis opiniones, y si tiene V. paciencia asaz para buscarlas, allí las encontrará.

Una pregunta antes de concluir. ¿Por qué hace usted que Echegaray pague, como suele decirse, los platos rotos en esta escaramuza? Yo le aseguro á V. que Echegaray está inocente de los motines realistas que empiezan á estallar; yo le respondo á V. de que el ilustre autor de *El gran Galeoto* no viste nunca el prosaico gabán de Zola, y prefiere la ropilla de Lope de Vega; no me meto en si le viene estrecha ú holgada; digo que viste ropilla y usa espada de cazoleta y chambergo con plumas, y bizarro cintillo de pedrería. Y en cuanto á si diluye ó no los argumentos para que completen los tres actos, siempre sería grave defecto, hiciéralo él ó hiciéralo el mismo Lope; mas yo creo que no es argumento ni recursos dramáticos lo que falta á Echegaray.

Quiero terminar dando á V. gracias por haber confirmado de todo en todo mi aserto de que es opinión aristocrática la de la supremacía de la novela inglesa. Ya ve V. si tenía yo razón; el primer paladín que sale á romper lanzas por esa *miss* pulcra y formal y derecha como un huso, es un título de Castilla.

Celebra esta coyuntura de haber conocido á usted, y se ofrece de V. con especial consideración afectísima y segura servidora,

Q. B. S. M.,

EMILIA PARDO BAZÁN.

La Coruña 12 de abril de 1883.

ÍNDICE.

Emilia Pardo Bazán

La Cuestión Palpitante

con un prólogo de

Clarín

SEGUNDA EDICIÓN

MADRID
Imprenta Central á cargo de V. Saiz
Calle de la Colegiata, 6

1883

LaVergne, TN USA
10 January 2011
211828LV00003B/25/P